Christel Petitcollin

Du divorce à la famille recomposée

Les pièges à éviter

jouvence
EDITIONS

Du même auteur aux Éditions Jouvence

Réussir son couple, 2005
Les clés de l'harmonie familiale, 2004
Émotions, mode d'emploi, 2004
Scénario de vie gagnant, 2004
S'affirmer et oser dire non, 2003
Bien communiquer avec son enfant, 2003

Extraits du catalogue « Pratique Jouvence »

Petit traité de contre-manipulation, Y.-A. Thalmann, 2009
Auto-coaching au quotidien, Laurent Bertrel, 2009
Se désencombrer de l'inutile,
Rosette Poletti & Barbara Dobbs, 2008
Résoudre ses problèmes, c'est possible !, Julian Sleigh, 2008
Apprendre à s'aimer, Pierre Pradervand, 2006
La compassion pour seul bagage,
Rosette Poletti & Barbara Dobbs, 2004
La PNL au quotidien, Bernard Raquin, 2004
Respirez pour mieux vivre,
Olivier et Sandra Stettler, 2004
L'Analyse Transactionnelle au quotidien,
Bernard Raquin, 2004
Émotions, mode d'emploi, Christel Petitcollin, 2003
Le secret des auto-massages chinois,
Olivier et Sandra Stettler, 2003

Catalogue gratuit sur simple demande
ÉDITIONS JOUVENCE
France : BP90107 – 74161 Saint-Julien-en-Genevois Cedex
Suisse : CP 184 – 1233 Genève-Bernex
Site internet : **www.editions-jouvence.com**
Mail : info@editions-jouvence.com

Maquette & mise en page : Éditions Jouvence
Dessin de couverture : Jean Augagneur

ISBN 978-2-88353-439-X

Sommaire

Introduction

Aujourd'hui, le divorce et les recompositions familiales sont en passe de se banaliser. L'espérance de vie, allant en augmentant, nous permet de vivre plusieurs vies en une, ce qui veut dire plusieurs histoires d'amour, donc presque autant de ruptures. La sociologue Sandy Burchsed prévoit même que, dans les années à venir, la norme sera de quatre unions par vie. C'est un phénomène de société. Les lois françaises ont récemment entériné cet état de fait en simplifiant les procédures de divorce par consentement mutuel.

Pourtant, on aura beau dédramatiser le divorce et les recompositions familiales, la rupture reste un des principaux vecteurs de stress et de souffrance de l'existence car les séparations ravivent les blessures fondamentales de l'être humain : abandon, trahison, rejet, humiliation, injustice, impuissance… et les touchent aux points les plus sensibles : la sensation d'échec et l'estime d'eux-mêmes. Pour les enfants aussi, le divorce des parents restera un événement fondamental dans leurs jeunes vies, douloureux, voire traumatisant, si les parents ne sont pas vigilants à les épargner et à les protéger dans la tourmente de leur séparation.

On dit aux enfants qu'on divorce « quand on ne s'aime plus ». Cette explication est totalement fausse : une véritable indifférence rendrait les séparations neutres et objectives ! Or, la plupart des séparations se passent dans la haine, l'esprit de vengeance, l'envie de blesser et de punir l'autre. Au plus profond de la crise, les divorces se vivent même souvent dans un état second, quasi-hypnotique, de souffrance et de détresse, qui fait perdre tout recul et tout esprit critique. La haine est le prolongement de l'amour. Elle cherche à restaurer le narcissisme blessé par l'échec. Elle retarde le moment d'entrer en contact avec l'absence et le vide. Alors, pour faire perdurer le lien coûte que coûte, on sera sans scrupule. Dans cette guerre sordide, au-delà de l'aspect matériel, l'enfant est, hélas, le vecteur le plus facile et le plus efficace par lequel atteindre l'autre et chercher à le détruire.

Le courage des enfants embarqués dans les turbulences du divorce est bouleversant. Les parents en souffrance, étant juges et parties dans cette affaire, ne peuvent guère être un secours. Centrés sur eux et sur leur drame conjugal, ils sont de toute façon souvent indisponibles pour entendre la détresse de leurs enfants. C'est donc le plus souvent dans la solitude que l'enfant apprend toutes les nouvelles compétences nécessaires à sa survie. En premier, il devra développer une adaptabilité à toute épreuve. Puis il lui faudra renoncer à son innocence et à sa spontanéité. Ensuite, il devra devenir un grand diplomate, car il apprendra très vite à ses dépens ce qu'il faut dire ou faire et dans quel cas se taire ou s'abstenir pour apaiser les blessures ou éviter l'huile sur le feu. C'est poignant d'entendre une enfant de 9 ans dire avec un air sérieux et réfléchi : « Ça, je n'en parlerai pas à Maman, elle a assez de soucis comme ça. » Enfin, l'enfant deviendra au mieux, messager et facteur, au pire espion, complice ou otage. Et en parallèle de tout cela, il devra trouver en lui-même les ressources pour continuer à grandir quand même et à vivre sa vie d'écolier, comme si de rien n'était.

Les dommages sont moins irréversibles qu'on ne le croit, pour peu que les protagonistes y mettent un peu de bonne volonté. Pour protéger l'enfant au cours du divorce, il faut redevenir avant tout ses parents et repenser la séparation dans le strict point de vue de son intérêt à lui, à court, moyen et long terme. Le conflit devra de toute façon finir un jour, et dans une guerre, il n'y a que des perdants. Alors, autant stopper les hostilités au plus tôt. En réfléchissant toujours dans la perspective du bien de l'enfant, il faut laisser à l'autre sa place de parent, sérier les priorités, céder sur les détails pour préserver l'essentiel. Cela implique de renoncer à son fantasme de toute-puissance. Cet enfant a été fait à deux, il a deux parents. C'est posé comme ça depuis sa naissance et ça le restera toute sa vie. Vous n'y changerez rien. Réalisez une bonne fois que vous ne pourrez jamais faire abstraction de l'existence de votre ex. Même lorsque l'enfant sera adulte, dans dix ans, dans vingt ans, vous devrez continuer à composer avec l'existence de « l'autre », quoi qu'il vous en coûte. Cet autre parent sera, par exemple, légitimement invité au mariage de votre enfant, ainsi que son éventuel nouveau conjoint, tout comme vous trouverez naturel d'y être invité vous-même en compagnie de votre éventuel nouveau partenaire.

Il est de plus en plus demandé aux couples de se séparer sans faire de vagues, de rester courtois, calmes, voire bons amis. Déjà, il devient courant que les juges d'instruction renvoient les intransigeants vers des médiateurs. Bientôt, il paraîtra tout à fait incongru et choquant de mal réagir pendant le processus de séparation. Puisque la société voit se multiplier le nombre des divorces, puisqu'il va devenir tout à fait ordinaire de se quitter, il faut apprendre à se séparer sobrement, simplement, en conservant tout au long de la procédure, un comportement bénéfique à l'estime de soi.

Cela veut dire savoir soigner ses blessures narcissiques, restaurer son ego, le protéger de nouvelles agressions, développer ses capacités à prendre du recul et à relativiser. Bien vivre un divorce nécessite beaucoup d'objectivité et un sacré lâcher-prise ! Il est également urgent et impératif d'apprendre aux parents à préserver leurs enfants pour ne pas faire des générations de gens perturbés. Il ne s'agit pas de culpabiliser les parents de divorcer. Quoi qu'on en dise, les couples ne se quittent pas à la première difficulté, mais au contraire lorsqu'ils ne trouvent plus de solutions. On quitte aussi l'autre pour se retrouver, quand son intégrité personnelle est menacée. Cette quête d'un épanouissement personnel est légitime. Elle participera à terme au bien-être de l'enfant. Mais avant d'atteindre l'île de la plénitude tant convoitée, les parents, au cours de leur divorce, devront affronter des éléments déchaînés, si possible sans boire la tasse eux-mêmes, ni couler leur progéniture.

Le divorce avec enfants peut devenir une extraordinaire école de tolérance. Pour l'amour de ses enfants, il faut apprendre à écouter, comprendre, discuter, débattre, parlementer, négocier, concéder. Tout ce qu'il aurait fallu savoir faire pour ne pas divorcer…

Mon objectif est de vous aider à comprendre votre histoire, vos erreurs et à trouver des pistes pour cicatriser et reconstruire votre vie affective dans les meilleures conditions d'équilibre et de réussite à long terme. Ce livre se propose donc de vous accompagner de la rupture à la recomposition de votre nouveau foyer :

– en vous signalant les nombreux pièges à éviter, autant au niveau de vos couples, qu'au niveau des enfants ;

– en vous donnant des pistes efficaces pour effectuer les deuils nécessaires ;
– en vous permettant de prendre tout le recul nécessaire pour retrouver votre objectivité ;
– et en vous offrant des moyens concrets pour vous protéger autant que possible ainsi que vos enfants dans la tourmente.

Première partie :

Le divorce

Le divorce au niveau du couple

Les raisons du déchirement

Malgré cette banalisation dont je vous parlais dans l'introduction, le divorce reste vécu comme un drame personnel et familial, un échec douloureux, un gâchis dont on mettra quelquefois des années à se remettre. Il est encore très rare que la séparation se passe calmement. Le plus souvent, c'est un moment de crise qui s'intensifie jusqu'à la haine, l'esprit de vengeance et l'envie de détruire l'autre, puis qui s'apaisera plus ou moins vite au fil des années.

◆ *Quelles sont les raisons d'un tel déchirement ?*
Les liens affectifs que nous tissons avec notre conjoint sont directement calqués sur les rapports affectifs que nous avions avec nos parents. Les disputes, puis la séparation ravivent et amplifient les blessures endormies de l'enfance : abandon, trahison, rejet, humiliation, injustice, impuissance… C'est l'enfant intérieur qui est touché. Voilà pourquoi la

résonance émotionnelle est intense. En parallèle, l'adulte est atteint dans son pouvoir de séduction, dans son identité sexuelle. Le non-désir sexuel de l'autre à notre égard est une violence sournoise qui distille un puissant venin. Enfin, pour couronner le tout, la rupture brise nos rêves d'harmonie familiale, nous met en échec dans notre capacité à matérialiser nos ambitions.

C'est la somme de ces souffrances et de cette atteinte narcissique qui génère le besoin de blesser l'autre en retour. Le désir de revanche est proportionnel à la douleur et au besoin de restaurer son ego, malmené par les événements. Plus je me serai senti blessé dans mon amour-propre, plus je ressentirai l'envie de vengeance en croyant que cela me réhabilitera.

L'insatisfaction menant au divorce est de deux sortes qui ne s'excluent pas et, au contraire, se combinent et se renforcent :

- La croyance dans un idéal conjugal est trop forte pour être remise en question et trop éloignée des réalités pour que la personne se sente satisfaite d'un quotidien ordinaire.
- L'un des deux (ou les deux), trop individualiste, ne s'investit pas suffisamment dans la relation de couple, refuse de participer à l'entretien du lien affectif (sexe, tendresse, projets, dialogue) et ne fait pas les compromis nécessaires au respect du territoire physique ou psychologique de l'autre.

Peu à peu, en raison de ces deux aspects, l'un va faire de plus en plus de reproches et de critiques à l'autre qui, en retour, va fuir de plus en plus souvent ce foyer forcément de moins en moins accueillant. De plaintes en plaintes face aux dérobades, chacun faisant toujours « plus de la même chose » de son côté, la situation ne pourra aller qu'en se dégradant. Le stress de la vie moderne peut également jouer un rôle, en exacerbant la fatigue et les frustrations et en aggravant le manque de disponibilité et d'écoute de l'un et de l'autre. Mais il n'est jamais la seule raison d'un divorce. De frustration en désillusion, se développe l'impression de s'éloigner de soi-même, de son chemin de vie, de ses valeurs fondamentales et de ne pas vivre la vie à laquelle on aspirait.

On quitte l'autre pour se retrouver, quand son intégrité individuelle est menacée. C'est pourquoi, lorsque l'un des deux se sentira trop atteint dans son identité, dans son pouvoir de séduction, dans son narcissisme, il mettra fin à la relation.

L'annonce du divorce dévoile les mésententes et les dysfonctionnements conjugaux, elle casse les apparences et révèle l'état exact de la situation. À la souffrance de la rupture vient s'ajouter l'humiliation d'étaler ainsi au grand jour ses difficultés personnelles et cela augmente la blessure d'amour-propre.

En parallèle de cette honte d'exposer au grand jour ses difficultés privées, se développe un sentiment d'échec cuisant. Le divorce est aussi douloureux parce qu'il brise nos rêves d'harmonie. On nous avait appris « Ils furent heureux et eurent beaucoup d'enfants », nous aurait-on menti ?

Les blessures d'amour-propre n'aident pas à faire une autocritique objective. Alors, on va rendre l'autre responsable de tout pour se blanchir soi-même : tout est de sa faute. Si je souffre tant, c'est à cause de lui (elle). La sensation d'être victime, la rancœur, l'esprit de vengeance sont autant de tentatives maladroites et totalement inadéquates pour restaurer l'estime de soi. Celle-ci ne pourra commencer à se restaurer que lorsqu'on sera capable de faire face avec objectivité, et sans se juger, à sa part de responsabilité. Mais en début de divorce, la blessure est souvent trop fraîche et trop profonde pour que ce soit possible.

Enfin, pour couronner toutes ces souffrances, le divorce va obliger à faire des deuils en cascades : deuil d'une relation, d'une personne aimée, essentiellement, mais également deuil d'une belle-famille, d'une bonne partie de ses amis, de son habitation, de ses habitudes, bref, d'un pan de vie entier. Lorsqu'on a un deuil à faire, il arrive un moment où l'on doit entrer en contact avec un sentiment de vide et d'absence très angoissant, très déprimant. Quand le deuil est aussi global et généralisé, le contact avec le vide devient terrible ! Alors, on va retarder le plus que l'on peut le moment d'affronter le commencement de ce deuil. La haine prend le relais de l'amour pour retarder l'apparition du chagrin.

C'est pour toutes ces raisons que les couples se déchirent. Chacun a pour objectifs :
- de prouver qu'il est le bon, le gentil et que c'est l'autre le méchant, le mauvais ;
- de faire payer, au prix fort la restauration de son narcissisme ;
- Et surtout de retarder le moment d'entrer en contact avec l'absence, le vide, le néant.

Les pièges à éviter

Vous l'avez bien compris, lors d'une séparation, la blessure narcissique est profonde, et encore plus chez celui qui croit subir une séparation imposée par l'autre. Au plus profond de la crise, les divorces se vivent même souvent dans un état second, quasi-hypnotique, de souffrance et de détresse, qui fait perdre tout recul et tout esprit critique. Alors, pour faire perdurer le lien coûte que coûte, pour éviter d'entrer en contact avec le vide, pour protéger son ego de nouvelles atteintes, on sera sans scrupule. Dans cette guerre sordide, au-delà de l'aspect matériel, l'enfant est, hélas, le vecteur le plus facile et le plus efficace par lequel atteindre l'autre et le détruire.

Les mécanismes de protection de l'ego risquent de vous égarer sur des fausses pistes et de vous empêcher de comprendre objectivement comment vous en êtes arrivé là. Les nombreux pièges qui vous guettent sont les suivants :

Ne pas tirer d'enseignement de cet échec

La tentation est forte de tirer un trait et ne pas chercher à comprendre. Mais celui qui n'apprend pas de son passé est condamné à le reproduire. Les mêmes causes produisant les mêmes effets, si l'on ne change pas sa façon de faire, on obtient toujours le même type de résultats. Les erreurs sont des opportunités d'apprendre et d'évoluer. Il ne faut pas laisser passer ces chances de progresser.

Tirer de mauvaises conclusions de l'échec

« Dites-moi qu'elle est partie pour un autre que moi, mais pas à cause de moi » chante Michel Jonnaz. La tentation est forte, pour protéger l'image de soi, de ne pas faire son autocritique et de rejeter « la faute » sur l'extérieur ou sur l'autre.

◆ *Les causes sont extérieures*

Bien sûr, des causes extérieures peuvent avoir pesé sur le cours des événements, mais leur influence ne peut être que partielle et uniquement avec notre autorisation. On pense : « C'est à cause de son ex, de ses parents, de son aventure extraconjugale, de son psy qu'on en est arrivé là. » Il est important de réaliser que des parents envahissants ne peuvent rien contre un couple soudé et que si les parents ont pu avoir cette influence sur la relation, c'est qu'il y avait une faille dans laquelle s'engouffrer. De même, à part dans les cas de donjuanisme maladif ou de nymphomanie pathologique, l'adultère est plus souvent une conséquence de la mésentente latente que sa cause. On va chercher ailleurs ce qu'on ne trouve pas dans son foyer et ce n'est pas forcément du sexe. Ça peut être de l'écoute, du respect, du dialogue, un regard plein d'admiration… Là encore, ce sont les carences relationnelles qui ont laissé l'espace à une relation extraconjugale d'exister.

◆ *Je suis victime de la situation*

Les humains aiment bien les choses bien rangées avec d'un côté le noir, de l'autre le blanc, d'un côté les bons, de l'autre, les méchants. Il ne faut pas mélanger. C'est Zorro ou le sergent Garcia, Picsou ou les Rapetous. Il faut aussi une cause unique bien identifiée : l'erreur de pilotage ou la défaillance technique. L'idée qu'il puisse y avoir un peu des deux n'est pas souvent encouragée à germer. Pourtant, les relations humaines sont complexes et leurs fonctionnements reposent sur une conjugaison de multiples facteurs qui se recoupent, se combinent et se renforcent, mais on préfère bien souvent simplifier les données et trouver un bouc émissaire clairement identifié.

Alors, entre le bourreau ou la victime, le coupable ou l'innocent, le choix risque d'être vite fait. Le piège de se sentir victime se tend d'une manière encore plus séduisante lorsque c'est l'autre qui a pris l'initiative de la rupture. L'entourage, d'ailleurs, encourage à y plonger tête baissée. On vous demande de vous positionner rapidement pour savoir qui plaindre et qui blâmer. Si vous choisissez la position de victime, la compassion de votre entourage va vous mettre du baume au cœur dans un premier temps. Vous allez être plaint, choyé, entouré. Cela vous donnera l'illusion de restaurer votre blessure narcissique. Mais le piège est vicieux. Personne n'étant réellement dupe de votre participation à l'échec de votre couple, on va commencer à bavarder dans votre dos et les paroles de pitié se feront de plus en plus mièvres et doucereuses. Vous le sentirez bien et ça n'arrangera finalement pas votre narcissisme.

D'autre part, pour bien jouer ce rôle de victime, vous devez avant tout vous interdire d'être heureux. Votre drame doit se lire en permanence sur votre visage, dans votre gestuelle découragée, dans vos propos désabusés... Le moindre éclat de rire risque de vous faire perdre les bénéfices secondaires de la pitié des autres. Réalisez que vous payez très cher, trop cher, ces bénéfices secondaires et prenez du recul face à ceux qui vous plaignent perfidement.

Voici un exemple de ces situations qui poussent à se réfugier dans le rôle de victime. Je reçois régulièrement en consultation des femmes dont l'histoire douloureuse est tristement banale. Âgées de la quarantaine, mariées, heureuses en ménage, avec des enfants adolescents, elles vivaient leur vie sereinement quand, brutalement, sans qu'elles aient détecté le moindre signe d'alerte, leur mari est parti avec une autre. Je remercie toutes celles qui m'ont permis, par leurs témoignages croisés, de dresser le portrait-robot d'un drame aussi personnel qu'universel. Je l'ai appelé « le syndrome du majordome anglais ».

Beaucoup de femmes et surtout celles nées avant l'avènement du féminisme, en 1970, ont appris à être ultra-donnantes. Conditionnées à faire passer les besoins des autres avant les leurs, elles s'installent dans le dévouement, avec la certitude que leur générosité ne leur apportera que des gratifications. Alors, à peine mariées, elles s'oublient elles-mêmes et donnent sans compter. Elles deviennent des ménagères, cuisinières, gouvernantes hors pair. Véritable majordome à l'anglaise, elles sont d'une discrétion parfaite et d'une acceptation totale de l'emploi du temps de leur conjoint. Déchargés des corvées quotidiennes, n'ayant aucune obligation familiale, même pas celle d'aller acheter des chaussures à leurs enfants, ces conjoints trop choyés finissent par se sentir à l'hôtel, chez eux. Hôtel haut de gamme certes, mais hôtel quand même. Désimpliqués de la vie quotidienne, ils peuvent même se sentir intrus dans leur propre foyer. Il est très difficile de se plaindre de recevoir trop de l'autre, mais cette avalanche de services leur laisse un sentiment de dette. Alors qu'elles les croient comblés par tant d'attentions, ces épouses voient leur tendre moitié travailler de plus en plus dur, de plus en plus tard sans réaliser qu'ils fuient ce foyer culpabilisant. Et un jour, souvent vers les 40 ans de leur majordome, ils vont créer une « vraie » famille ailleurs, une famille où ils se sentiront inclus parce qu'obligés de participer à la vie quotidienne. Le sentiment de trahison de l'épouse est terrible et légitime. Mais ce n'est pas son mari qui l'a trahie. La trahison vient en amont de ceux qui ont fait croire à cette femme que son conjoint serait comblé d'être marié à un majordome anglais. C'est ainsi que ces femmes trop donnantes ont, sans le savoir, collaboré activement à la destruction de leur couple. C'est dur à admettre !

Alors, si vous vous sentez victime de la situation, osez vous faire votre autocritique. Même si vous pensez vraiment : « Mais, moi, je n'ai rien fait », sachez que c'est aussi une bonne façon de détruire un couple. Ne rien faire quand il y a le feu à la maison est un moyen efficace de la réduire en cendres. Vous êtes-vous cru définitivement à l'abri dès la signature devant le maire ? Avez-vous délibérément ignoré les signaux d'alerte que vous adressait votre conjoint ? Votre part de responsabilité est-elle d'avoir mis en application vos idées de ce qui fait le bonheur du couple sans en avoir vérifié la pertinence ?

Quelle est votre part de responsabilité ? Dès que vous aurez des éléments de réponses, vous commencerez à vous sentir mieux. Car oser faire face à ses responsabilités, assumer ses erreurs, c'est bien meilleur pour l'estime de soi que la fuite ou le déni.

Et si, malgré tout cela, vous ne vous remettez pas de cette rupture, soignez-vous, faites-vous aider. Allez voir un thérapeute ou un conseiller conjugal, lisez des ouvrages sur le sujet, essayez de comprendre, faites les deuils nécessaires.[1] Votre mal-être culpabilise peut-être votre ex et c'est souvent dans ce but qu'il est entretenu, mais il fait fuir vos amis et gâche la vie de vos enfants. Et il n'est même pas certain que vous arriviez à culpabiliser votre ex. Si ça se trouve, cela le (ou la) confirme dans l'idée que vivre avec un rabat-joie tel que vous, ce n'était vraiment pas une sinécure et qu'il a bien fait de vous quitter ! Paradoxalement, ce sont vos enfants, parce que leur amour est sincère, qui se sentiront le plus coupables de votre souffrance, surtout si votre ex a refait sa vie, mais pas vous.

◆ *Je suis le coupable de cette situation*

Inversement, responsable ne veut pas dire coupable. Celui qui prend la décision du divorce passe généralement pour le « bourreau » de l'autre, « victime » pure, innocente et qui tombe des nues, n'ayant jamais repéré le moindre nuage dans son ciel bleu conjugal. On reproche à celui qui part de n'avoir rien dit « avant », de prendre l'autre en traître, par surprise. S'il n'a rien dit, c'est peut-être parce qu'on l'a découragé de parler. J'ai remarqué dans ma pratique que celui

1. Sur ce sujet, cf. Bernard Raquin, *Ne plus se laisser manipuler*, Éd. Jouvence, 2003 et Pierre Pradervand, *Plus jamais victime*, Éd. Jouvence, 2001.

qui prend l'initiative de la rupture est souvent celui des deux qui est le plus actif dans le couple, qui a le plus investi d'énergie en amont, dans l'entretien de la relation, qui a tenté de restaurer une communication constructive, qui a longuement tiré les sonnettes d'alarmes indiquant que le couple allait mal et qui s'est découragé, faute d'avoir été entendu.

Pour sortir du piège de la culpabilité comme de celui de la culpabilisation, remettons les choses à leur place une bonne fois :

> *Un couple, ça se construit,*
> *ça s'entretient et ça se détruit à deux.*
> *Rendons 50 % de responsabilité à chacun.*

Même si votre ex a vraiment l'air éploré(e), rappelez-vous qu'il(elle) a sa juste part dans votre fiasco. La situation d'aujourd'hui est donc un équitable retour de son attitude antérieure.

Les gens qui assument pleinement, c'est-à-dire ni trop, ni trop peu, leurs responsabilités dans l'échec de leur relation, se remettent plus vite de leur divorce et sont mieux armés pour construire leur nouveau couple que ceux qui s'enlisent dans la culpabilité ou la culpabilisation de l'autre. Faites un bilan objectif. Quelle est ma part et quelle est la sienne ? Qu'est-ce que j'aurais pu ou dû faire pour éviter cela et qu'est-ce que lui (ou elle) aurait pu ou dû faire pour éviter cela ?

Rester hors la loi

Pour éviter des représailles ou d'interminables conflits, par culpabilité, par peur de passer pour quelqu'un d'affreusement intéressé ou pour garder le beau rôle, certains auraient tendance à partir les mains vides. D'autres par peur de manquer, par esprit de vengeance, comme pour mettre les fautifs « à l'amende » voudraient les dépouiller de tout. De plus, les biens matériels ont forcément une charge émotionnelle. Depuis la maison, symbole de tout ce qui a été construit et tellement chargée de souvenirs jusqu'à cette petite cuiller, trouvée ensemble, lors d'une excursion mémorable, tout peut avoir une valeur affective. Pour certains, chaque objet raconte une histoire et nécessite un deuil individualisé. Partir les mains vides est une énorme erreur. C'est plaider coupable et s'avouer vaincu, c'est se faire magistralement plumer au passage. Tôt ou tard, lorsque les passions sont retombées, on regrette de ne pas avoir fait respecter ses droits. Tout garder et dépouiller l'autre n'est pas une solution non plus. Le fameux « Bien mal acquis ne profite jamais » fonctionne dans ce cas. L'argent ainsi récupéré a un goût amer et file entre les doigts.

C'est ici que la procédure judiciaire prend tout son intérêt. Contrairement à ce que croit la majorité des gens, la loi sert davantage à protéger le citoyen qu'à entraver sa liberté. Elle ne devient contraignante et répressive que lorsqu'on l'ignore ou lorsqu'on la transgresse délibérément. Ah, si tous les automobilistes pouvaient comprendre que le code de la route, même s'il est imparfait, ne sert qu'à les protéger ! Lors d'un divorce, l'application stricte de la loi peut générer de véritables drames personnels, mais il faut les imputer à un excès de confiance, voire de naïveté antérieure et non à la cruauté de la justice.

Pour pouvoir se « quitter », il faut être « quittes ». La loi doit donc s'appliquer ni plus ni moins, autant pour départager les protagonistes et dépassionner le débat que pour rappeler à ceux qui tendraient à l'oublier que le divorce est un droit légal et non un crime.

Ne pas faire le deuil de la relation

Il y a un moment où, pour être libre enfin et pouvoir recommencer à vivre, vous devrez admettre que c'est fini et entrer en contact avec le vide et l'absence dont je parlais plus haut. La relation est morte. Il n'y a pas de retour en arrière possible. C'est pour éviter ce moment terrible qu'on transforme l'amour en haine et qu'on prolonge artificiellement la relation. De même tant qu'on reste coincé dans le rôle de victime ou de bourreau, on ne peut pas enclencher le deuil. La culpabilité verrouille son mécanisme.

Faire le deuil de la relation implique d'accueillir ses émotions. Vous ne pourrez pas faire l'économie de celles-ci. Elles seront à la hauteur des espoirs initiaux. Car nous ne pouvons être tristes que pour ce qui nous a procuré beaucoup de joies ou d'espoirs.

◆ *Le deuil comporte cinq étapes*

Le déni : Comme une carrosserie à déformation progressive, le déni permet d'amortir le choc de la nouvelle. Ce n'est pas vrai. C'est un cauchemar, je vais me réveiller et tout sera comme avant.

La colère : C'est un sentiment d'injustice, de révolte. Il faut trouver un coupable, un bouc émissaire pour déverser cette colère gigantesque. Pourquoi moi, pourquoi lui (ou elle), pourquoi nous ?

Le marchandage : Si la relation reprend, je promets de… Plus jamais, je… On « freine des quatre fers » pour ne pas entrer dans la phase suivante.

La dépression : Ce contact avec le vide, le néant, l'absence est un moment terrible et incontournable. On peut le retarder, mais pas l'éviter.

L'acceptation : Du lâcher-prise à la paix intérieure, peu à peu s'installera une sérénité nouvelle.

On passe alternativement par ces différents états, plusieurs fois. Peu à peu, les émotions s'apaisent. Comme le chante si bien Brel : « On n'oublie pas, on s'habitue, c'est tout. » Mais c'est déjà beaucoup et il faut avoir fait le deuil de son passé pour être disponible pour son futur.

Enterrer la hache de guerre

Dans son film *Consentement mutuel*, Bernard Stora fait dire à son héroïne divorcée à la fin du film : « Tout ça pour en arriver là ! » et son ex-conjoint, joué par Richard Berry, qui l'a harcelée tout le film, lui répond : « Je t'ai fait la guerre pour ne pas mourir. » Il explique alors qu'il ne supportait pas la solitude, la chambre de sa fille vide de sa présence, la trop grande maison silencieuse. Ses explications sont pathétiques certes, mais la remarque de son ex-femme reste totalement pertinente : tout ça pour en arriver là !

Nous le savons tous : on peut gagner une bataille, mais personne n'a jamais gagné une guerre. Dans une guerre, il n'y a que des perdants. Et surtout l'enfant parce qu'il est le principal vecteur par lequel ses parents peuvent se faire longtemps du mal. Il faut vraiment prendre conscience des dégâts : énergie, temps, argent sont gaspillés dans la tentative de destruction de l'autre. Cette guerre est d'autant plus stérile que, de toute façon, elle devra finir un jour et que plus la guerre aura duré, plus l'addition sera lourde. Alors, autant limiter la casse et arrêter le combat au plus tôt.

◆ *Comment sortir de cette impasse ?*

Peut-être déjà tout simplement en se rappelant qu'on a su s'entendre à un moment donné. Il n'y a pas eu que cette guerre, ces cris, ces disputes. On s'est aimés cinq ans, dix ans. Il y a eu des bons moments. On a fait de belles choses, construit, fait ce ou ces gamins ensemble… C'est un sacré bout de chemin qui relativise ces quelques derniers mois de conflits.

Ensuite, en prenant sa part de responsabilités. Les combats cessent faute de combattants.

Comment arrêter la guerre ? En refusant le conflit. Faites de la défense pacifique, ouvrez un espace de négociation, cédez sur les détails pour préserver l'essentiel…

Enfin, pensez que votre enfant sera en droit de dire à ses deux parents : « Vous m'avez gâché la vie pendant dix ans avec vos querelles ! », car c'est lui qui paie le plus lourd tribut à votre conflit. Si chaque parent a ses 50 %, l'enfant, lui récolte du 100 %. Les problèmes de l'un s'additionnent aux problèmes de l'autre. C'est pourquoi, pour enterrer définitivement la hache de guerre, il faut repenser la situation du strict point de vue du bien de l'enfant.

Pour cela, faites bien la différence entre le couple conjugal et le couple parental. Ce sont Catherine et Pierre ou Robert et Raymonde qui divorcent, mais pas Maman et Papa.

> *Papa et Maman ne pourront* jamais *divorcer !*
> *Vous ne pourrez* jamais *faire abstraction de l'existence de l'autre parent !*

Réalisez une bonne fois que même lorsque votre enfant sera adulte, dans dix ans, dans vingt ans, vous devrez continuer à composer avec l'existence de « l'autre », quoi qu'il vous en coûte. Cet autre parent sera légitimement inclus dans la vie de votre enfant, ainsi que son éventuel nouveau conjoint, tout comme vous trouverez naturel d'y être inclus vous-même en compagnie de votre nouveau partenaire.

Cela implique de renoncer au fantasme de toute-puissance. Un enfant se fait à deux, c'est pourquoi il a deux parents. C'est posé comme ça à sa naissance et ça le restera pour toute sa vie. C'est le fait de lutter contre cette réalité incontournable qui fait souffrir et qui alimente la bataille. Pour arrêter la guerre, il suffit donc :
– de se repositionner en parent,
– de laisser à l'autre sa place de parent.

Les enfants

Le courage des enfants

Le courage des enfants embarqués dans les turbulences du divorce est bouleversant. Les parents en souffrance étant juges et parties dans cette affaire, ne peuvent guère être un secours. Centrés sur eux et sur leur drame conjugal, ils sont de toute façon souvent indisponibles pour entendre la détresse de leur enfant. C'est donc dans la solitude que ce dernier va apprendre toutes les nouvelles compétences nécessaires à sa survie. En premier, il devra développer une adaptabilité à toutes épreuves. Puis il lui faudra renoncer à son innocence et à sa spontanéité et apprendre à contrôler et réprimer ses émotions, son chagrin de ne pas voir Papa risquant de blesser Maman et inversement.

Prenez un moment et essayez de vous mettre à la place d'un enfant vivant le divorce de ses parents. Quelles peuvent être ses pensées, ses émotions ? Quelle idée peut-il se faire de sa vie future ? À quels espoirs peut-il se raccrocher ? De quel espace dispose-t-il, au milieu des cris, des larmes, des claquements de portes, pour exprimer ses peurs, ses colères, son chagrin ? Si vous arrivez à répondre à quelques-unes de ces questions, vous commencez à comprendre son vécu. Ballotté d'un appartement à l'autre, protégeant un parent, ménageant l'autre, sur le qui-vive car certain d'être en terrain miné, l'enfant devra trouver en lui-même les ressources nécessaires pour continuer à grandir quand même et vivre sa vie d'écolier, comme si de rien n'était.

En général, les enfants attendent patiemment que leurs parents redeviennent solides pour s'autoriser à aller mal à leur tour et c'est avec le parent le plus résistant qu'ils s'autoriseront le plus à exprimer leur souffrance. Si votre enfant, qui vous semblait aller bien pendant le divorce, se met brusquement à dérailler, prenez-le positivement : c'est bon signe qu'il ne vous ménage plus. C'est une preuve que vous avez retrouvé votre force et votre équilibre. Cela veut dire aussi qu'il vous fait à nouveau confiance en s'appuyant sur vous. Il a besoin d'exprimer tout ce qu'il a dû refouler si longtemps. Alors, autorisez cet enfant qui vous a épargné si longtemps, à retrouver sa place d'enfant.

◆ *Comment les protéger dans la tourmente ?*

On a souvent peur de blesser ses enfants lors d'un divorce, à juste titre, car les bévues possibles sont innombrables et leurs dégâts peuvent effectivement être considérables. Pourtant, les enfants ont une grande faculté d'adaptation et ils vivront la séparation comme les parents choisiront de la leur présenter. C'est-à-dire pas si mal, si les parents savent éviter les gaffes ou en étant très perturbés, s'ils plongent dans les maladresses destructrices la tête la première.

Se séparer sans se déchirer, faire passer l'amour de son enfant avant son amour-propre et sa soif de vengeance, c'est cela aussi l'art d'être parent. Mais préserver ses enfants demande une grande maîtrise de soi. C'est pourquoi les parents doivent accepter de se remettre en cause, de s'informer, de lire, éventuellement de consulter un conseiller conjugal ou familial, un thérapeute, pour eux ou pour les enfants. Il ne faut pas hésiter à se faire aider. En période de crise, il est normal d'avoir besoin d'une aide extérieure pour retrouver un peu d'objectivité. On peut ainsi limiter les dégâts et prévenir pour ne pas avoir besoin de guérir.

Si la séparation se passe vraiment trop mal, si les enfants risquent de vivre des moments traumatisants, mettez-les à l'abri quelque temps chez leurs grands-parents, une nourrice, un oncle ou une tante. Prenez soin de choisir, bien sûr, une personne dont vous savez qu'elle saura se montrer neutre et bienveillante.

L'annonce de la séparation

Il faut avant tout faire attention à ne pas annoncer la rupture trop tôt ou à la légère, sans pour autant nier l'évidence si l'enfant commence à pressentir l'orage. « Oui, c'est vrai, avec ta mère, on commence à envisager une séparation, mais on n'a rien résolu pour le moment. Si on prend cette décision, on te le dira. » Le pire est de ne rien dire. Une de mes clientes, abandonnée par son mari infidèle me disait : « Non, je n'ai rien dit à mon fils. Je ne veux pas le perturber. Il croit que son père est en voyage d'affaire. » Les yeux rouges de sa mère, ses conversations téléphoniques à demi-mots, ses crises de larmes contredisaient le « Tout va bien » officiel et devaient donner de sacrées bouffées d'angoisse à ce gamin !

Annoncer le divorce à son enfant n'est pas chose facile. Le moment de le prévenir de cette séparation doit être bien choisi. En début de week-end, par exemple, pour que l'enfant ait le temps de s'en remettre avant de retourner à l'école. La façon de le dire nécessite également une préparation et si possible une concertation entre les parents. Car l'idéal est une annonce faite à deux voix, hors d'un moment de crise.

La première chose à faire est de dédramatiser la séparation. Cela ne veut pas dire sous-estimer les ressentis de l'enfant ni l'impact considérable que cela aura sur sa vie future, mais éviter de lui présenter cet événement comme un désastre irrémédiable et d'en rajouter dans le style théâtral. D'une certaine façon, les enfants vivront les événements comme on leur dira explicitement ou implicitement de les vivre : pas si mal si on les autorise à relativiser. C'est pourquoi il faut être sobre. Ils s'adapteront d'autant plus vite que le divorce n'est pas une nouveauté pour eux : il y a en moyenne dans leur classe une dizaine d'élèves qui fonctionnent déjà sur le modèle « un week-end sur deux chez Papa » et qui en parlent avec simplicité.

Expliquez-leur simplement comment les choses vont se passer à l'avenir. Dites-leur bien qu'il vaut mieux qu'ils vivent alternativement avec une maman sereine et épanouie et un papa qui chante sous la douche et saura se rendre disponible pour eux, plutôt qu'avec deux ronchons mal dans leur peau qui se fuient, se font la tête ou se disputent toute la journée. Il faut bien évidemment ne désigner ni victime ni coupable puisque, vous le savez maintenant, les deux ont collaboré pour créer la situation présente et chacun porte ses 50 % de responsabilité. Par ailleurs, le divorce n'est pas un crime, c'est au contraire un droit légal. On a le droit de ne plus avoir envie de vivre avec quelqu'un, même sans raison objective et même si l'autre n'a pas envie de se séparer. Cela doit être clairement dit à l'enfant. À l'inverse, vous pouvez être amené(e) à devoir préciser que vous, vous n'aviez pas envie de divorcer, que vous n'êtes pas prêt(e) à cette rupture, mais que vous finirez par vous y habituer car on ne retient pas les gens de force, par la peur ou la pitié.

Tout au long de la procédure et jusqu'à ce que la nouvelle situation soit stabilisée, rassurer l'enfant et le déculpabiliser seront des priorités. Cela veut dire lui expliquer le plus simplement possible ce qui va se passer concrètement, juridiquement, géographiquement. Ne dites pas : « À cause de ton père, on va être obligés de vendre la jolie maison où tu étais si heureux et on va devoir habiter dans un tout petit appartement bruyant et il faudra se priver de tout parce qu'on n'aura plus de sous. » Même si c'est ainsi que vous vivez les choses, même si cela est partiellement vrai, l'enfant a le droit d'être ménagé et sécurisé. Prenez sur vous pour lui donner les informations d'une manière plus optimiste ou au moins très neutre.

Dans ces périodes troublées de divorce, les dérapages sont fréquents. Soyez très vigilant à ne pas donner à vos enfants un accès à votre vie de couple et à votre sexualité d'adultes. Ils n'ont pas à savoir que vous avez trompé votre mari, que Papa a une maîtresse ou que vous ne faites plus l'amour depuis plusieurs années. Protégez-les des anecdotes conjugales qui ne les regardent pas et dont l'évocation a un impact incestueux très destructeur pour les enfants. Il faut au contraire distinguer le couple conjugal du couple parental. Ne dites pas « Papa » quitte « Maman » ou pire « Papa nous abandonne ! » mais « Je me sépare de mon mari qui reste votre père, comme moi, je reste votre mère ». C'est à vous de ne pas faire de confusion : c'est en tant que mari et femme que l'on n'arrive plus à s'entendre. Entre parents, on sera de toute façon obligés de continuer à collaborer. Enfin, pour rassurer l'enfant sur la permanence du lien parental, il faudra lui dire et lui répéter que quel que soit l'avenir du couple, ses parents ne regrettent pas sa naissance. On ne divorce pas de ses enfants.

L'aider à faire ses deuils

Évidemment, dans la majorité des cas, l'enfant préférerait garder sa famille unie. Il va d'ailleurs tenter ouvertement ou sournoisement d'effectuer des rapprochements entre ses deux parents. Dès que vous avez la certitude que le divorce est inéluctable, évitez de le maintenir dans l'illusion d'un retour en arrière possible. Verbalisez l'aspect définitif de votre décision, puis ayez des comportements cohérents avec vos dires. Ne passez pas Noël ensemble, ne faites pas régulièrement des repas en famille, comme si rien n'avait changé. Adoptez une attitude neutre et distante avec votre ex. Disputez-vous éventuellement. Les cris et les querelles dans un couple en plein divorce peuvent même être les bienvenus car ils mettent du sens sur la rupture. Comment comprendre que les parents se séparent s'ils semblent d'accord sur tout ? Inversement, si le climat était irrespirable depuis des mois où des années, il peut être bienvenu de confirmer à l'enfant qu'il a le droit d'être soulagé par cette séparation.

Au cours du divorce, un enfant a surtout besoin de créer de nouveaux repères spatio-temporels dans cette nouvelle vie. D'un point de vue pratique, il a donc besoin de connaître les plannings, l'organisation, les nouveaux rituels, de recréer son territoire chez Maman et chez Papa, de personnaliser et d'apprivoiser son décor. Pour faciliter son adaptation, faites-le participer au déménagement.

Visitez le nouveau lieu d'habitation avec lui, allez en repérage dans le quartier, faites les cartons ensemble. Ce sera l'occasion de trier, de faire des deuils, mais laissez-le se cramponner à quelques vieux objets, s'il n'est pas prêt à tourner la page. Si vous gardez votre habitation, cela vaut la peine de réaménager les pièces et d'en changer la décoration autant pour symboliser le changement que pour faire de cet endroit autrefois collectif, votre domaine personnel. Cela favorisera le deuil de la vie d'avant et préparera la venue d'un éventuel futur conjoint dans un lieu rendu plus neutre.

C'est avec votre aide que votre enfant pourra faire tous les deuils nécessaires. Pour ne pas le laisser dans l'illusion d'un retour possible à la situation antérieure, il vous faudra avec tact, douceur et fermeté, le confronter à la réalité. Cela veut dire que vous acceptiez de faire le même travail de deuil. Dès qu'ils comprennent que la décision est irréversible, les enfants déploient toutes leurs capacités d'adaptation aux nouvelles données. Comme ils vont enclencher le processus du deuil, ils auront des moments de tristesse, exprimeront leur nostalgie de la vie d'avant, leurs regrets de changer d'école, de ne plus voir Papa tous les soirs…

Il est difficile pour un parent lui-même en souffrance d'accueillir ces émotions. Pourtant, autant que vous le pouvez, autorisez votre enfant à avoir des émotions. C'est triste une séparation, c'est normal qu'il ait du chagrin. Et puis, il a le droit de ressentir de la colère contre ses deux parents et d'avoir des peurs par rapport à l'avenir. Il peut aussi exprimer de la frustration de ne pas aller à l'anniversaire de son copain parce que c'est le week-end où il va chez Papa. Donnez-lui le droit de verbaliser ses émotions sans pour autant vous sentir coupable ou chercher à changer tous vos plans. Votre enfant a juste besoin d'être entendu et accueilli dans ses ressentis. Et dites-vous que si votre enfant les exprime, c'est parce qu'il vous sent assez solide pour les recevoir. C'est un bel hommage qu'il rend à vos compétences parentales ![2]

L'enfant a également besoin qu'on positive l'avenir : un divorce, c'est dur, c'est vrai, mais c'est souvent l'occasion d'un nouveau départ, d'un épanouissement personnel, après la crise. Rares sont les divorcés à regretter leur choix, même s'ils ont l'impression d'avoir subi le divorce sur le moment. Il vaut mieux un papa et une maman heureux séparément que malheureux ensemble. Enfin, plus que jamais, l'enfant a besoin d'être accepté comme il est : plein d'amour pour ses deux parents.

La responsabilité de l'enfant

Dans la vie ordinaire des familles d'aujourd'hui, les parents ont souvent une attitude qui laisse à penser à l'enfant qu'il a son mot à dire sur tout. On lui demande son avis, voire sa permission, on

2. Cf. du même auteur, *Émotions, mode d'emploi,* Éd. Jouvence, 2003.

cherche son adhésion aux projets familiaux, de la composition des menus aux activités de loisirs, plutôt que d'affirmer calmement son autorité de parent. Il est déjà préjudiciable pour l'enfant de trop lui demander de faire des choix en général.[3]

Dans le contexte du divorce, c'est encore plus nocif de lui laisser faussement croire qu'il peut décider de la vie conjugale de ses parents. C'est lui donner l'illusion d'un pouvoir et d'une responsabilité trop lourds pour lui et que, de toute façon, il n'a pas. Ne cherchez surtout pas à obtenir son accord pour votre séparation. Il faudra la lui imposer sans ambiguïté pour qu'il puisse être certain qu'il n'y est pour rien.

On ne réalise pas assez à quel point les enfants culpabilisent dans les divorces et se sentent responsables de la séparation. Cela vient en grande partie de l'illusion de toute-puissance propre à l'enfance qui leur donne la naïve prétention de tout contrôler par la pensée magique. Cela vient aussi du fait que les enfants savent très objectivement pouvoir influencer beaucoup des décisions de leurs parents, voire même les manipuler, ne serait-ce que pour se faire offrir une glace.

En parallèle, les enfants ne peuvent pas ne pas s'engouffrer dans les failles que leur montrent les adultes. Par exemple, si un professeur est faible, ses élèves ne pourront pas ne pas le chahuter. Ce

3. Cf. du même auteur, *Bien communiquer avec son enfant,* Éd. Jouvence, 2003.

sera plus fort qu'eux. Mais si ce professeur quitte la classe en pleurant, toute la classe se sentira affreusement coupable. Peu de gens comprennent que les écoliers n'y sont pour rien. Pourtant c'est aux adultes que revient la responsabilité de se faire respecter, de se positionner fermement en face des enfants. Ainsi, lorsqu'un couple montre des signes de faiblesse, l'enfant ne peut pas ne pas les exploiter. Il a donc probablement joué à « Battez-vous » et provoqué quelques belles disputes entre ses parents et il le sait. Pour autant, c'était aux adultes de régler leurs problèmes et de faire front commun. Donc, il faut que ce soit clair pour tout le monde et surtout pour l'enfant : rien n'est de sa faute. Ce n'est pas parce qu'il n'a pas été assez sage que ses parents se quittent et il ne peut rien faire pour changer le cours des événements. Dans le film *Kramer contre Kramer*, il y a un passage très émouvant où l'enfant demande à son père si c'est parce qu'il était trop méchant que sa maman est partie.

Ce qui est également très destructeur pour les enfants, c'est qu'un des ex-conjoints se serve d'eux pour atteindre l'autre. Ils n'ont pas à jouer des rôles de messagers, ni d'intermédiaires et encore moins d'arbitres ou de juges pour désigner une victime et un bourreau. Les enfants n'ont pas à prendre partie dans la querelle. Pour la mise en place du mode de garde, il est également monstrueux de demander à l'enfant de choisir avec qui il veut habiter. C'est lui demander implicitement de désigner un « bon » et un

« mauvais » parent. C'est aussi lui demander s'il préfère se couper le bras droit ou le bras gauche. Plus que jamais, il faut bien remettre l'enfant à sa place d'enfant et lui dire que ce sont les adultes qui décident de tout, dans la perspective de son intérêt à lui, à long terme. Ne prenez pas vos enfants en otages de vos différends conjugaux.

La mise en place du mode de garde

Dans trop de cas, la garde des enfants devient un enjeu de pouvoir, de pression ou de représailles. Dans d'autres circonstances, tout aussi navrantes, l'enfant devient un pansement : « Sa mère est tellement triste que je vais lui laisser le petit pour la consoler ! » Enfin, pire que tout, il arrive que l'enfant soit utilisé comme garde-malade ou thérapeute. On lui laisse en garde un parent dépressif, alcoolique, suicidaire avec mission de le soigner et d'éviter qu'il ne fasse une bêtise. Sans aller jusqu'à ces extrêmes, rares sont les cas où les parents ont gardé assez de neutralité pour choisir le mode de garde avec des critères objectifs et impartiaux. Et quand bien même les parents arrivent à prendre ensemble des dispositions intelligemment concertées, l'enfant peut malgré tout gamberger : « Pourquoi est-ce qu'ils ont décidé que je reste chez maman ? Est-ce que Papa s'en fiche de ne plus vivre avec moi ? »

C'est pourquoi il me paraît important que la validation finale vienne toujours d'une décision de justice, même si les parents se sont préalablement mis d'accord. L'homologation de cette autorité extérieure certifie que les décisions ont été prises, hors émotionnel, dans la stricte perspective de l'intérêt de l'enfant.

Aujourd'hui, le mode de garde le plus répandu est la garde majoritaire et elle est presque toujours confiée aux femmes : 85 % des mères ont la garde de leurs enfants. C'est très lourd, trop lourd pour les mamans. Elles assument toutes les contraintes quotidiennes, vingt-cinq jours par mois, avec la désagréable sensation que le père n'est concerné que par les loisirs, donc par le plaisir. Le père, lui, se sent mis sur la touche, a la désagréable impression de n'être plus qu'un parc d'attraction ambulant et un tiroir-caisse à cause de la pension et de ne plus pouvoir transmettre ses valeurs à ses enfants parce qu'il ne les voit plus que quatre à cinq jours par mois. Les mères, indisponibles, se remarient peu (67 % d'entre elles restent seules avec leurs enfants). Les pères risquent de se désengager très vite, surtout quand ils créent un nouveau foyer. Ce mode de garde génère donc de la frustration de part et d'autre, ne facilite pas la co-parentalité et crée un déficit de présence et de représentation du père pour les enfants.

Dans le contexte d'aujourd'hui, je pense qu'il faudrait toujours étudier la garde alternée, d'abord pour responsabiliser les deux parents et n'écarter ce mode de garde qu'en fonction de critères objectifs. Celui-ci est encore minoritaire. Pourtant, il offre d'indéniables avantages : on observe une amélioration de la relation avec le parent le moins impliqué auparavant (souvent le père) et une meilleure gestion des aspects affectifs et financiers. La garde alternée implique une proximité géographique des ex-conjoints et une véritable co-parentalité, c'est-à-dire de la concertation et un lien parental bien démêlé du lien conjugal.

La garde alternée ne se pratique pas forcément à 50 %. Le temps peut être réparti par exemple à 30 % et 70 %. Il faut également bien tenir compte du cas particulier des tout-petits. Les enfants de moins de 3 ans ont besoin de continuité dans la présence de figures tutélaires. Conservez-lui un lieu fixe pour passer ses nuits et si possible la même nourrice, pour faire le relais entre ses parents. Après l'âge de 3 ans, une alternance de trois ou quatre nuits devient possible. Mais avant 4 ans, il ne faut pas envisager de séparation trop longue avec l'un ou l'autre des parents.

Pour que la garde alternée soit bénéfique aux enfants, ils doivent se sentir bienvenus chez les deux parents. Il faut donc qu'ils s'y sentent chez eux et qu'ils aient le temps et l'espace de se poser dans les deux endroits. Limitez autant que possible la valse des valises. Pour bien faire, il faudrait presque tout avoir en double afin d'éviter une transhumance permanente, mais cela représente un budget non négligeable et un espace de stockage conséquent, ce qui n'est pas toujours possible. Alors, à défaut d'avoir sa chambre et ses affaires, chaque enfant doit avoir au moins son coin ou son placard bien à lui.

Il serait souhaitable, par ailleurs, que les juges d'instruction et les avocats aient une formation en psychologie ou communication assez poussée pour détecter les climats de maltraitance psychologique et de harcèlement moral. Lorsqu'un des parents paraît vraiment « bien sous tous rapports », alors que l'autre parent, à la limite de l'hystérie et de la paranoïa, semble être complètement fou, il faut avoir le réflexe d'y penser. Le pervers soigne son image et ronronne benoîtement pendant que le harcelé, en overdose de stress, se débat dans sa toile d'araignée. De même, on aborde de plus en plus la notion « d'aliénation parentale », lorsqu'un enfant subit un véritable lavage de cerveau et est conditionné par l'un des parents à détester et rejeter l'autre.

Un autre cas de figure doit appeler à la vigilance : lorsqu'un couple de nationalités différentes se sépare, les risques d'enlèvement d'enfant par l'un ou l'autre sont élevés. En effet, plus la colère est forte envers l'ex-conjoint, plus ses différences culturelles sont également rejetées. Enfin, hélas, il est aussi important de tenir compte d'abus sexuels possibles dans les périodes de séparation. Quelques pères déboussolés passent réellement à l'acte pendant la séparation. Quelques mères possessives ou surprotectrices hallucinent des abus sexuels là où il n'y en a pas. Il existe des « critères de crédibilité » des témoignages d'enfants qui permettent de limiter les risques d'erreur, aussi graves dans un sens que dans l'autre. En France, ces critères de crédibilité, pourtant très simples, concrets et fiables, sont encore trop peu enseignés aux professionnels de la protection de l'enfance.

En dehors de ces cas extrêmes, le mode de garde devrait toujours se choisir selon les critères prioritaires : intérêt de l'enfant en premier, aspect pratique en second, aspects émotionnels en troisième, s'ils ne viennent pas à l'encontre des deux premiers.

Rendre à l'autre sa place de parent

Quel que soit le mode de garde choisi, pour le bien des enfants, il va falloir recréer (et quelquefois créer) puis préserver un lien parental avec l'ex, en mettant de côté les différends conjugaux. Rendre à l'autre sa place de parent est encore plus difficile quand il s'est peu investi dans son rôle jusqu'à la séparation. Or, nous sommes dans une société matriarcale. Je le disais plus haut : aujourd'hui, 85 % des femmes ont la garde majoritaire de leurs enfants. D'autres chiffres sont également parlants : 7 fois sur 10, le divorce est à l'initiative de la femme. 67 % des mères divorcées restent seules. Et si les femmes se plaignent d'assumer 80 % des tâches ménagères, il faut réaliser que c'est bien avec leur consentement qu'il en est ainsi et que cela leur donne, par ailleurs, le contrôle de la vie du foyer.

Souvent, et même sans s'en rendre compte, les femmes dégoûtent les pères de s'occuper de leurs petits. Voici à ce propos un exemple vécu : mes voisins venaient d'avoir un petit garçon. Ma voisine et moi étions en train de prendre le thé en bavardant tandis que le jeune papa donnait le bain du bébé. On entendait le père et l'enfant gazouiller dans la salle de bains. Puis il y a eu le bruit du sèche-cheveux. La jeune maman, jusque-là détendue et souriante, s'est levée d'un bond et a fait une entrée fracassante dans la salle de bains en hurlant : « T'es pas fou ? Il a peur du bruit du sèche-cheveux ! Tu vas le traumatiser ! » L'enfant, qui n'avait pas pleuré en entendant le sèche-cheveux, s'est en revanche mis à brailler aussitôt, effrayé par les cris de sa mère. Le père a quitté la salle de bains avec une mine coupable et la mère a consolé l'enfant puis fini sa toilette.

Après avoir ainsi découragé les hommes de développer leurs compétences parentales, les mères se plaignent beaucoup de leur démission et, au moment du divorce, veulent que leur époux soit puni par où il a péché : son manque de consistance parentale. Il n'aura pas mon enfant ! Pour certaines mères, c'est une double frustration de laisser leur ex-conjoint prendre sa place de père. C'est rassurant qu'il reste le mauvais père qu'il a été et très frustrant s'il développe, dès qu'on a le dos tourné, les capacités qu'on a attendues en vain.

Tout le malentendu vient du terme *s'occuper*. Pour trop de mères, *s'occuper* veut dire *faire comme moi et sous mon contrôle.* Il est bon de rappeler que les pères ne sont pas des mamans bis. Ils ont un rôle d'aventurier, de coach à jouer auprès de leurs enfants. Mamans, laissez les hommes s'occuper des enfants à leur façon ! Papas, reprenez confiance dans vos capacités à assumer seul un enfant. En fait, souvent les hommes ont besoin de s'entendre dire qu'il faut qu'ils s'occupent des enfants et qu'ils ont les capacités de le faire et les femmes ont besoin de s'entendre dire qu'elles ont fait leurs enfants à deux et qu'ils ne leur appartiennent pas.

Quoi qu'il vous en coûte de l'admettre, l'autre parent restera à vie le parent de vos enfants. Comme je vous le disais dans l'introduction, dans dix, quinze, vingt ans, cet autre parent sera légitimement invité au mariage de ses enfants, ainsi que son éventuel nouveau conjoint, tout comme vous trouverez naturel d'y être invité vous-même en compagnie de votre éventuel nouveau partenaire. Dès qu'il y aura des décisions graves ou importantes à prendre pour la santé ou l'orientation scolaire de vos enfants, vous serez obligés de vous concerter. De gré ou de force, il faudra rétablir le dialogue.

D'autant plus que pour votre enfant, l'autre foyer va continuer à faire partie intégrante de sa vie. Si vous cherchez à exclure votre ex de votre vie et de vos discussions, vous ne communiquerez plus qu'à 50 % avec votre enfant. Ce sera lourd pour lui de taire, voire de cacher ce qui se passe pour lui chez l'autre. Peu à peu, comme dans toutes les familles où il y a des non-dits, la communication va s'appauvrir et péricliter. C'est d'autant plus préjudiciable pour votre enfant qu'il peut avoir besoin de vous, de vos explications, de votre avis, de votre réconfort pour apprivoiser, comprendre ou assumer ce qui se passe dans sa vie. « Tu sais Papa, le Papa de Maman, il est à l'hôpital et Maman, elle dit qu'il va guérir, mais elle ne fait que pleurer. Tu crois, toi, qu'il va mourir, Pépé ? »

Pour de bonnes relations parentales

Cessez de critiquer votre ex

Bien sûr, si vous avez quitté votre conjoint(e) c'est bien parce que c'est un sacré..., ou une vraie... Votre colère est sûrement légitime. Mais partagez vos rancœurs avec votre meilleur ami ou votre psy, loin des oreilles de vos enfants et faites très attention au téléphone qui invite à se lâcher, alors que des petites oreilles sont tendues à proximité. Outre que vos enfants n'ont pas à avoir accès à vos histoires de couples et encore moins à d'éventuelles anecdotes sexuelles, il est très destructeur pour eux d'entendre dire du mal d'un de leur parent, par qui que ce soit. Pour vous faire une idée de ce qu'ils vivent quand ils entendent critiquer leurs parents, imaginez comment vous ressentiriez le fait que quelqu'un critique haineusement votre acteur fétiche ou votre chanteur préféré. Pour vos enfants, c'est la même sensation en décuplé.

J'ai reçu en consultation un adolescent de 14 ans qui souffrait terriblement de l'attitude de sa mère. Trompée puis « abandonnée » pour sa rivale, cette mère avait de bonnes raisons personnelles d'être aigrie. Mais elle critiquait et dénigrait le père pratiquement en continu devant son enfant. Sa rancœur s'aggravait dès que le fils partait ou revenait de chez son père. Elle en devenait venimeuse et vulgaire. « Alors, c'était bien chez ton père et sa putain ? » sifflait-elle avec méchanceté à chaque retour. Le jeune homme, tout en comprenant le chagrin de sa mère, n'en pouvait plus. Je lui ai recommandé de choisir un moment où sa mère serait assez paisible pour entendre à quel point il souffrait de cette situation et de lui proposer de mettre en place un petit code complice pour enrailler la machine.

Malgré sa souffrance, la mère était une femme intelligente et ouverte qui aimait son fils. Elle a écouté, compris et ils ont convenu ensemble qu'à chaque fois qu'elle commencerait à déraper vers ses anciens comportements, son fils se contenterait d'émettre un petit signal neutre : « Bip, bip ! » pour le lui signaler. Ça a très bien fonctionné. Le fils m'a raconté en souriant qu'au début, il avait du biper plusieurs fois de suite et de plus en plus fort parce que, comme un cheval lancé au galop, sa mère avait eu beaucoup de mal à s'arrêter. Puis elle a eu une période où elle ralentissait en grommelant encore un peu entre ses dents des demi-phrases du genre : « N'empêche que ton père grogneugneu et moi gnagnagna. » Puis elle a définitivement arrêté. Cela a amélioré les relations mère-fils. En parallèle, cette femme a aussi trouvé un apaisement par le fait de devoir se taire, donc d'arrêter de cracher son venin.

N'attaquez jamais votre ex-conjoint(e) dans ce qu'il(elle) est. Vous pouvez éventuellement dire calmement à vos enfants que vous ne cautionnez pas tel comportement ou que vous ne partagez pas telle valeur, que si c'était vous, vous ne feriez pas comme ça, mais sans commentaire sur l'identité de l'autre. Sachez qu'à terme, l'enfant préfère toujours celui qui respecte l'autre parent.

On ne change pas les autres

Tout comme vous ne pourrez pas exclure l'autre parent de votre vie, vous ne pourrez pas le changer non plus. Vous n'y êtes déjà pas arrivé quand vous viviez sous le même toit, vous y arriverez encore moins à distance ! Elle les laisse trop regarder la télé ? Vous n'irez pas chez elle appuyer sur le bouton pour l'éteindre ! Il ne leur fait pas faire les devoirs ? Allez-vous vous rendre à son domicile pour le faire à sa place ? Ils boivent du soda à table ? Allez-vous confisquer toutes les bouteilles en stock chez votre ex ? Alors, au lieu de bouillir comme une marmite, de menacer, de harceler, de gronder ou d'essayer de faire pression sur vos enfants pour qu'ils fassent eux-mêmes pression sur l'autre parent, lâchez prise sur ce qui se passe chez l'autre. De toute façon, vous n'avez pas le pouvoir d'y changer quoi que ce soit, car bon ou mauvais parent, l'autre reste le parent, aussi légitime que vous dans sa façon de faire avec son enfant. À l'exception des cas de maltraitance avérée et légalement répréhensible, ne vous faites pas une mission de sauver votre enfant de l'éducation épouvantable de l'autre. Peu à peu, pour revendiquer le droit d'exister de l'autre parent, l'enfant risque d'exagérer les attitudes et modes de pensée venant de l'autre côté. Lorsqu'on est divorcé, il faut plus que jamais sortir de son fantasme de toute-puissance : ce n'est pas « mon » enfant mais « notre » enfant et la moitié de ses gènes ne sont pas les vôtres.

Il n'existe pas de pensée unique, d'éducation unique. Aider un enfant à faire ses devoirs peut être un plus. L'enfant se sentira soutenu, épaulé, encouragé. Laisser l'enfant gérer seul ses devoirs peut également être un plus. Il sentira qu'on lui fait confiance, développera son autonomie, son autodiscipline et son sens de l'organisation. Quoi que les enfants vivent chez l'autre, c'est une ouverture sur d'autres fonctionnements. Ce sont d'autres valeurs qui ouvrent sur d'autres comportements. Prenez-le comme une expérience de vie qu'il n'aurait sûrement pas pu expérimenter chez vous ! Même le négatif en apparence peut être une expérience positive parce qu'elle enseigne quelque chose. Si Papa a oublié les gants de ski de son fils pour ce dimanche à la luge, Petit Chéri aura l'occasion d'expérimenter qu'il vaut mieux ne pas trop compter sur les autres pour penser à ses affaires et découvrira aussi l'intérêt de mettre des moufles dans la neige. Quelle expérience enrichissante ! Partez du principe que les choses sont différentes mais pas pires, ni mieux, ailleurs. Cela demande de savoir sérier les priorités pour lâcher prise sur les détails et préserver l'essentiel. Même s'il a eu froid aux mains, Petit Chéri s'est bien marré avec Papa, ne gâchez pas cela par vos réflexions acerbes.

Se réapproprier et revendiquer son éducation
Évidemment, les enfants ayant un instinct très sûr pour détecter les failles des adultes, vont s'engouffrer dans celles que vous afficherez et chercheront à mettre de l'huile sur le feu. Avec un air pur et innocent, pauvres petits chéris mal cadrés, ils vous diront : « C'est Papa qui ne m'a pas fait faire mes devoirs », ou provocateurs : « Tu sais, le copain de Maman, lui, il trouve ça beau, les piercings ». Comme à leur habitude, si vous leur en laissez l'espace, ils joueront à « Battez-vous », vous mettront en compétition pour savoir qui est le parent le plus cool et le plus sympa et obtiendront des bénéfices secondaires de la situation, malheureusement positifs à très court terme : plus d'argent de poche ou de sorties, des jouets, des glaces… et la certitude de pouvoir manœuvrer les adultes à leur guise, en jouant sur leurs dissensions. C'est aussi pour cela qu'il faut sortir au plus vite de la guerre matrimoniale. Répondez fermement et calmement : « T'aider à faire tes devoirs n'est pas une obligation. En revanche, que tu les aies faits, si. Moi,

je trouve important de t'aider mais il y a aussi beaucoup de famille où l'on n'aide pas du tout à faire les devoirs et les enfants les font quand même. Si ton instituteur te punit, tu l'auras mérité. À toi de t'organiser à l'avenir pour que les devoirs soient faits même quand tu vas chez ton père et même s'il ne veut pas s'en occuper. » Ou bien « Chacun ses goûts. Le copain de ta mère a bien le droit de trouver ça beau, et moi j'ai le droit de trouver les piercings inutiles, vulgaires et dangereux pour la santé. »

D'une manière plus générale, dites : « Chez Maman, il y a ses règles et ses valeurs. Chez Papa, il y a ses règles et ses valeurs. C'est comme ça. » Cela implique de se recentrer sur ses propres valeurs, de les revendiquer et d'assumer son propre système éducatif, sans faire de comparaison inopportune avec d'autres systèmes d'éducation, articulés autour de valeurs différentes.

Les situations de transit

Le passage d'une maison à l'autre génère souvent un malaise et un coup de blues pour l'enfant, donc du stress pour son parent. Les changements de domicile et les séparations-retrouvailles avec ses parents demandent une grande capacité d'adaptation, surtout avant l'âge de 8 ans. Les tout-petits sont encore branchés sur les énergies de leurs parents et, de ce fait, se sentent identitairement différents avec chacun des parents.

Votre enfant peut vouloir une photo de son autre parent sur sa table de nuit, chez vous.

Donnez-lui aussi le droit de transporter des objets d'un domicile à l'autre. Même si c'est vous qui lui avez offert tel ou tel objet, il doit, pouvoir l'emmener chez votre ex, en faire ce qu'il veut. Par exemple, si la console de jeux offerte par Papa doit rester chez Papa, il ne pourra jamais la faire admirer à ses petits cousins maternels ou faire des super-parties avec ses copains, quand il est chez Maman. L'enfant a besoin d'emmener un bout de son chez lui avec lui. On parle d'« objets transitionnels » qui ont pour fonction de créer une continuité de vie entre les deux maisons. Une peluche, un jouet, quelque fois un animal de compagnie. De plus en plus souvent, et de plus en plus tôt, le téléphone portable joue ce rôle. Mais attention aux coups de téléphone. Ils peuvent être douloureux pour les enfants. Entendre et ne pas voir, être en contact sans pouvoir se toucher, ne pas pouvoir dire ce que l'on fait chez l'un pour ne pas blesser l'autre, culpabiliser de savoir son parent déprimé d'être seul pour le week-end… tout cela augmente les difficultés à bien vivre le séjour chez l'autre parent. Alors, si votre enfant oublie le chargeur, laisse son portable éteint, ne consulte pas sa messagerie, n'a rien à vous dire au téléphone, vous pouvez en conclure que les coups de fil ne lui sont pas bénéfiques.

Au moment des retrouvailles, la tentation est forte (surtout chez les mamans !) de harceler l'enfant de questions. « Ça s'est bien passé ?

Qu'est-ce que tu as fait ? Qu'as-tu mangé ? À quelle heure t'es-tu couché ? As-tu pensé à ramener ton anorak ? Tes devoirs sont-ils faits ? » Laissez-lui le temps d'arriver, de se poser, de se réinstaller physiquement et mentalement dans les lieux. Soyez patient, détendu, disponible. Surtout, évitez les devoirs scolaires au moment du retour ! Et plutôt que de le questionner, racontez-lui ce qu'il s'est passé chez vous, ce que vous avez fait, qui vous avez vu... avec gaieté et légèreté, bien sûr !

Il est assez fréquent que les enfants testent les limites en rentrant de chez l'autre parent. Cela ne veut pas forcément dire qu'ils sont perturbés. Ils ont juste besoin de retrouver vos repères à vous. Resignifiez calmement les règles en vigueur chez vous. « Ici, c'est comme ça. Pas de télévision en mangeant. Tu retrouveras ton feuilleton chez Papa, la semaine prochaine. » Donnez-lui également le droit d'être frustré de retrouver des règles différentes et d'être triste de quitter l'autre parent même s'il est content de vous retrouver.

L'amour deuxième degré

Vous connaissez sans doute l'histoire du roi Salomon, juste et bon, qui rendait justice pour son peuple et qui fut un jour sollicité par deux femmes prétendant toutes deux être la mère du même nourrisson. Chacune accusait l'autre d'avoir accidentellement écrasé son enfant en dormant et d'avoir volé le bébé de l'autre pour le remplacer. Le roi, qui était très sage, rendit l'arrêt suivant : « Puisqu'il est impossible de vous départager, je vais faire couper ce bébé en deux et en donnerai la moitié à chacune. » Lorsque l'épée se leva au-dessus de l'enfant, l'une des femmes ne bougea pas un cil, mais l'autre se jeta sur le bébé pour le protéger et supplia le roi de le laisser vivre, quitte à ce qu'il soit donné à l'autre mère. À cela, le roi reconnut qu'elle était la vraie mère du petit. Il lui rendit son enfant et punit l'autre femme.

C'est un peu ce qu'il se passe dans les divorces. Celui des deux parents qui refuse de couper son enfant en deux est bien celui qui mérite le mieux son titre de parent ! Alors, pour être dans le même esprit d'amour deuxième degré que cette mère et aider votre enfant à vivre le mieux possible tous les changements, mettez-vous à sa place et demandez-vous : « Que vit mon enfant ? De quoi a-t-il besoin pour être bien ? » Cela vous permettra de mesurer préalablement l'impact de vos paroles et de vos actes et d'agir dans la perspective de son bien-être présent et de son meilleur devenir, en mettant de côté vos propres états d'âme.

Une rupture implique une complète réorganisation familiale, un réinvestissement différent dans les relations des uns avec les autres. Mais finalement, lorsqu'on a des enfants en commun, on ne divorce jamais tout à fait.

Deuxième partie :

La recomposition familiale

Vivre seul ou reconstruire un foyer ?

Après la séparation, la question va bien sûr se poser de savoir si l'on va choisir de rester seul ou si on va retenter l'aventure d'une vie conjugale.

Statistiquement, les hommes se remettent assez vite en ménage et ce sont surtout les femmes qui restent seules après un divorce, mais est-ce réellement un choix ? Oui, si l'on considère que les femmes sont souvent beaucoup plus autonomes que les hommes au niveau de la vie quotidienne. Non, si on prend en compte qu'ayant à 85 % la garde majoritaire de leurs enfants, elles sont moins disponibles physiquement et mentalement pour se mettre en quête d'un nouveau partenaire que leur ex-conjoint.

Un autre aspect est à prendre en considération : les femmes en famille monoparentale sont souvent très amères. En effet, le conte de fées censé apporter le bonheur n'a pas tenu ses promesses. Hélas, l'éducation des filles tend encore trop souvent à leur faire croire que l'épanouissement viendra bien plus de leur vie familiale que de leur vie professionnelle. C'est pourquoi elles ont beaucoup et même trop d'attentes vis-à-vis du mariage. Inversement, les hommes ont majoritairement été éduqués à chercher leur épanouissement dans leur vie professionnelle. Ils ont donc des exigences bien moindres par rapport à leur vie de couple et, de ce fait, un investissement familial souvent insuffisant. Lorsqu'elles renoncent à une vie de couple, ces femmes ont vraiment l'impression d'avoir été abusées et trahies. Désillusionnées, mais conditionnées à être ultra-donnantes, c'est auprès de leurs enfants qu'elles rechercheront l'épanouissement familial promis.

Et c'est très dommageable pour l'enfant. D'abord, avoir sa maman si disponible l'entretient dans l'illusion de la toute-puissance enfantine et lui laisse croire qu'il a tous les pouvoirs, y compris sur la vie amoureuse de sa mère. Ensuite, cela renforce la pulsion fusionnelle, voire incestueuse et le place dans une situation de compagnon, de petit adulte, de confident(e), qui l'empêche de vivre pleinement sa vie d'enfant. Enfin, être le centre du monde de sa mère et ne lui connaître aucun autre horizon est trop lourd à porter. Cela crée un sentiment de dette et empêche l'enfant de développer son autonomie. Que deviendra Maman quand je serai parti(e) si je suis sa raison de vivre ? De plus, il faut savoir que l'enfant est triste de voir un de ses parents seul, et encore plus si l'autre parent a refait sa vie.

C'est pourquoi, même si l'enfant n'apprécie pas le renouveau amoureux de ses parents et va essayer de le saboter, celui-ci est bénéfique pour lui et pour son équilibre.

- Le nouveau partenaire remet naturellement l'enfant à sa place d'enfant et restaure la frontière qui doit séparer le monde des adultes de celui des enfants.
- Les parents étant les modèles de leurs enfants, ils doivent leur montrer qu'être adulte, c'est à la fois être mère ou père et aussi homme ou femme, avoir une vie familiale, une vie sociale et, en même temps, une vie professionnelle. Les enfants doivent apprendre que ces facettes et ces rôles ne s'excluent pas et participeront un jour à son épanouissement personnel.

Avant de commencer une nouvelle relation

Ce n'est que lorsqu'on est sorti des pièges du divorce, qu'on a fait le deuil de l'ancienne relation, que les choses sont légalement claires et les dossiers définitivement clos, qu'on peut s'investir dans une nouvelle relation. Si vous êtes encore empêtré dans votre divorce, vous allez encombrer votre nouvel amour des réminiscences du passé et c'est déjà d'un très mauvais augure pour sa longévité. Réglez toujours vos affaires d'abord, cela vous permettra de vous rendre pleinement disponible pour votre futur. Ce que vous reconstruirez aura alors des chances d'être solide.

Le repositionnement familial

Cependant, pour garantir un climat serein à votre nouvelle famille, il faudra que chacun des membres soit très au clair avec la place et le rôle des autres membres de la famille recomposée. Ce n'est déjà pas si facile, dans une famille unie par les liens du sang, d'obtenir que chacun soit bien à sa place et respecte la place de l'autre ![4] Dans les familles mosaïques, il devient indispensable que chacun reconnaisse la légitimité de chaque membre à être à la place qui est la sienne et à jouer son rôle. Il faut savoir respecter les prérogatives des autres et connaître les limites de son propre pouvoir. Toute forme d'ambiguïté sur la structure familiale est une porte ouverte sur d'innombrables conflits.

Outre le fait de définir qui est qui et qui a le droit et le devoir de quoi, il faut également organiser les lieux de vie commune et bien définir et délimiter des espaces privés et des espaces communs. L'aspect spatial a son importance dans la définition des territoires respectifs. Si la place manque pour permettre à chacun d'avoir sa chambre ou ne serait-ce que son coin à lui, faites en sorte que même ceux qui ne sont là que le week-end aient au moins un coffre à jouet ou un placard personnel fermant à clé.

Bien poser l'interdit de l'inceste

L'inceste est la pire nuisance qui puisse s'abattre sur une famille et il ne faut pas minimiser le phénomène ni ses conséquences dévastatrices. Dans une famille recomposée, le risque de voir surgir ce fléau est encore augmenté et sera

---

4. Cf. du même auteur, *Les clés de l'harmonie familiale,* Éd. Jouvence, 2004.

favorisé par toute forme de cette ambiguïté dont je parlais plus haut.

Il peut arriver que le nouveau partenaire du parent soit plus proche de l'âge des enfants que de celui de son conjoint. Si, par exemple, un homme de 40 ans qui a un fils de 16 ans se remarie avec une femme de 25, l'écart d'âge entre la belle-mère et son beau-fils est de neuf ans contre quinze avec le mari. Les femmes, s'autorisant également de plus en plus souvent à avoir des partenaires plus jeunes qu'elles, génèrent aussi des situations analogues. Une adolescente de 15 ans peut ainsi se retrouver à tester son pouvoir de séduction sur un très jeune beau-père. De même, la sympathie qui peut exister entre la fille du père et le fils de la belle-mère pourrait virer en amourette à l'adolescence et ce serait très malsain car, entre les enfants de famille recomposées élevés ensemble, existe un lien quasi fraternel.

C'est pourquoi il faut poser l'interdit de l'inceste d'une manière très ferme et très explicite. À partir du moment où quelqu'un a un rôle parental, filial ou fraternel dans une famille, même s'il n'y a pas de lien du sang, il devient assimilé à un membre de la famille, donc intouchable. On ne peut pas avoir de geste déplacé et encore moins créer de relation amoureuse avec un beau-père, une belle-mère, un beau-fils, une belle-fille, un demi-frère, une demi-sœur. Cela doit être acquis pour tous les membres de la famille et c'est aux adultes de le signifier clairement aux enfants.

Dans certaines familles, même s'il n'y a pas de passage à l'acte objectif, il peut régner un climat incestueux tout aussi angoissant pour les enfants. Des regards, des réflexions, des attitudes équivoques, une salle de bains trop ouverte, un intérêt trop grand pour l'intimité de l'autre... C'est pourquoi il faut réhabiliter la pudeur intrafamiliale, fermer les portes à clé, éviter la nudité et même les exhibitions de sous-vêtements et de lingerie sexy. Il ne s'agit pas de pudibonderie mais de limites explicitement posées comme autant de barrières de sécurité. Ni voyeurisme, ni exhibitionnisme, ni intrusion dans l'intimité de l'autre ne sont possibles dans un climat où la pudeur est autorisée, respectée et encouragée.

Les conflits de loyauté

Les divorces, brouilles et recompositions familiales créent d'énormes conflits de loyauté. Ainsi, les enfants se retrouvent bloqués dans des situations inextricables lorsque l'amour qu'ils portent à l'un fait injure à l'autre. Si, de plus, les parents n'assument pas leur part de responsabilité dans l'échec de leur couple, les enfants sont terriblement culpabilisés de continuer à aimer le « vilain » censé avoir fait du mal au « gentil ». Et comment ne pas s'attacher à cette belle-mère drôle, gaie et sympa qui rend Papa heureux ? Mais comment ne pas culpabiliser de l'aimer quand la simple évocation de son existence fait pleurer Maman ? Quels comportements adopter quand ce qui est fait pour l'un risque d'être pris comme étant fait contre l'autre ? Pour les enfants, les conflits de loyauté s'installent au niveau des deux parents, puis entre les parents et les beaux-parents et, éventuellement même, entre fratries et demi-frères. La petite demi-sœur est si mignonne, tellement plus agréable que ce vrai grand frère bagarreur !

Pour les adultes, les conflits de loyauté vont essentiellement concerner les enfants. Ce sera le cas du parent qui vit avec les enfants de son nouveau conjoint à plein temps et qui ne voit ses propres enfants qu'un week-end sur deux. Comment ne pas culpabiliser de donner à ses beaux-enfants ce qu'on ne peut apporter aux siens ? Mais ces conflits de loyauté peuvent aussi concerner l'ex, mal divorcé, encore dépressif, très seul, qu'on a l'impression d'enfoncer un peu plus avec son bonheur tout neuf.

Les conflits de loyauté se traduisent essentiellement par de la culpabilité. Cela veut dire qu'on porte sur ses épaules quelque chose qui n'est pas à soi (par exemple, les rancœurs d'un des parents) ou qu'on lutte contre un état de fait qu'il n'est pas en notre pouvoir de changer (par exemple, le mode de garde établi par un juge). Il faut apprendre à lâcher prise et à rendre à chacun la responsabilité de gérer ce qui lui appartient. Mais les enfants n'ont pas ce recul. C'est pourquoi il est indispensable que les adultes mettent de côté leurs querelles, leur souffrance et délivrent les enfants de ces conflits de loyauté. Ce n'est pas facile et cela vaut la peine de se faire aider pour dépasser jalousies, rancœurs et blessures d'amour-propre afin de pouvoir accéder à la situation avec recul et sérénité, dans le strict objectif du bien-être de l'enfant.

Dans les familles recomposées, on peut ne pas s'aimer, mais on est obligés de se respecter. L'amour ne se commande pas et, s'il n'est pas au rendez-vous, une simple courtoisie sera le minimum requis. Chaque parent doit admettre le droit de son conjoint à refaire sa vie et demander à l'enfant de respecter ce beau-père ou cette belle-mère. Inversement, l'amour peut naître et l'enfant ne pourra pas l'empêcher de s'installer. C'est pourquoi les enfants ont besoin de votre permission d'aimer le nouveau conjoint de votre ex pour ne pas culpabiliser de s'y attacher.

Le plus simple est d'enseigner aux enfants que plus on aime de gens, plus le cœur grossit. L'amour ne se divise pas, au contraire, il se multiplie. Il peut y avoir de la place pour tout le monde dans leur cœur. Plus ils aimeront de gens, plus leur cœur grossira et saura aimer car plus on reçoit de l'amour, plus on est capable d'en donner. C'est tellement évident !

Le conjoint de mon ex

La venue d'un nouveau conjoint dans la vie de son ex est un moment important et difficile dans la vie d'une personne séparée. Il faut s'y préparer de longue date et cette préparation est un véritable travail de développement personnel. Cela implique de ne pas rester dans un divorce mal assumé, mal cadré, avec des restes d'intimité conjugale, comme de passer des noëls ou des anniversaires ensemble, de s'appeler au secours à la moindre déprime ou de faire des dîners hebdomadaires « pour les enfants »... Cela implique d'avoir fait tous les deuils qu'il y avait à faire du côté de la relation, de la belle-famille, des amis du conjoint... Cela implique enfin d'avoir restauré l'estime de soi et de ne pas faire de projections personnelles à base de comparaisons douteuses sur cette nouvelle relation...

En parallèle, il faut aussi préparer votre ex au fait que vous ne resterez pas tout seul non plus et ne pas le rassurer sur le fait que vous êtes encore célibataire. Au contraire, il faut le prévenir pour l'aider à y faire face le jour venu. « Tu sais, je suis encore seul(e) aujourd'hui, mais ça ne durera pas car j'ai bien l'intention de refaire ma vie. » Car vous pourrez le constater assez vite, ce n'est pas parce qu'on est soi-même remis en couple qu'on est pour autant prêt à laisser l'autre faire de même !

Il est important d'être prêt à encaisser le choc de cet événement parce qu'il arrivera un jour, et parce que ce n'est pas un crime, mais simplement la vie qui continue. Il vous faut réaliser que cette personne, que ça vous plaise ou non, va partager la vie de votre ex, donc bientôt celle de vos enfants. Vous ne pourrez pas faire abstraction de son existence. Cette position serait intenable et indéfendable à long terme. Il faut que vos enfants puissent vous en parler naturellement sans peur de gaffer. Alors, pour l'amour de vos petits, autant faire que ça se passe le mieux possible. Idéalement, il faudrait rencontrer ce futur beau-parent, lui donner une légitimité et si, possible, créer avec lui une collaboration constructive. Lorsque votre enfant sera en vacances avec votre ex, que vous serez absent(e) pendant quinze jours ou un mois, il faudra bien passer le relais. C'est important de pouvoir transmettre des consignes sur les devoirs à faire, les médicaments à prendre, les lunettes en réparation chez l'opticien, la nécessité de racheter une bouée… Prenez l'exemple d'un coup de téléphone on ne peut plus ordinaire. « Ah, bonjour Nicole. Oui, c'est Isabelle. Oui, oui, il est là, je l'appelle.

Quentin ! Viens vite, c'est ta maman au téléphone. J'en profite pour vous dire qu'il a été malade hier soir. Alors Bernard a appelé le médecin, qui a parlé d'indigestion. Il a dû abuser des chocolats de sa grand-mère ! Donc Quentin doit manger léger pendant 48 heures et il y aura des médicaments dans sa valise. Je vous mettrai l'ordonnance sur le dessus. Voilà, il est arrivé, je vous passe Quentin. Au revoir, Nicole. »

Oui, c'est à ce type de situation qu'il faut vous préparer, pour l'amour de vos enfants. Parce qu'Isabelle sera en droit de décrocher le téléphone chez elle, parce qu'il y va de l'intérêt de vos enfants que tout se passe bien et que l'information circule et qu'elle accepte de bien les soigner quand ils sont loin de vous.

Votre recomposition familiale

Créer un nouveau couple

Commencer une nouvelle relation après un divorce n'est pas chose facile. Alors qu'un premier couple se construit à deux et fait une place aux enfants au fur et à mesure de leur naissance, le lien reconstruit devra s'insérer entre des liens parents-enfants déjà existants. De la même façon, alors qu'un jeune couple ajuste et synchronise progressivement ses principes éducatifs au fur et à mesure que les enfants grandissent, le couple recomposé va confronter deux modes d'éducation déjà élaborés, instaurés et opérationnels. C'est dire si l'adaptabilité, l'écoute, le dialogue et la concertation seront nécessaires à l'épanouissement de votre complicité !

Il vous faudra trouver un équilibre entre votre rôle de parent et votre rôle de conjoint, donc savoir garder des temps seul à seul pour le couple et aussi des temps seul à seul pour le parent et ses enfants. Enfin, il faudra faire comprendre à votre nouveau conjoint comme à vos enfants que l'amour des uns participe à l'amour des autres. Puisqu'ils vous permettent de rayonner de bonheur, ces amours se renforcent et ne s'excluent pas.

C'est pourquoi, pour démarrer cette nouvelle relation dans les meilleures conditions, il importe que vous soyez réellement libre juridiquement, physiquement et psychologiquement. Cela veut dire : procédures juridiques closes, appartements séparés, mode de garde instauré, montant des pensions défini et aussi tensions apaisées et deuils effectués. Votre nouveau futur conjoint mérite que vous soyez mentalement disponible pour sa présence et pour construire cette relation et il est en droit de connaître toutes les données qui vont à terme le concerner (montant de la pension alimentaire, rythme auquel vous allez voir vos enfants, etc.), afin de vous accorder un consentement éclairé.

Dans trop de cas, la nouvelle relation est une fuite en avant, une bouée de sauvetage à laquelle l'aspirant au divorce se cramponne pour ne pas couler. Ce type de liaison, en général, ne dure pas. Si cela peut être une question de survie sur le moment ou le moyen de se donner le courage de rompre l'ancienne relation, il faut être vigilant à maintenir les enfants à l'écart de cette union jusqu'à ce qu'elle ait fait la preuve de sa longévité.

Les deux principaux pièges à éviter sont les suivants :

– *Ne rien avoir appris de son échec passé.* Si l'ancien couple n'a pas fonctionné, c'est que dans votre conception du couple, il y avait des erreurs de données. Reproduire le même schéma de relation vous amènerait au même résultat, à terme. Partez sur des bases radicalement différentes.
– *Ne pas avoir compris* qu'une relation s'entretient au quotidien et que rien n'est jamais acquis définitivement.

Mettez toute votre vigilance au service de votre nouvel amour ![5]

Présenter son nouveau partenaire à ses enfants

Il est évident que les enfants ont le droit d'être ménagés et qu'il ne faut pas présenter trop tôt, ni trop brutalement, votre nouvel(le) ami(e). Il est important d'attendre d'avoir bien établi les bases physiques de leur nouvelle vie : lieu de vie stable, mode de garde défini et nouveaux rythmes assimilés. Parallèlement, à votre niveau, finissez tranquillement de divorcer, prenez le temps de bien découvrir votre nouveau partenaire avant d'envisager une mise en ménage. Puis, lorsque vous êtes sûr(e) de vos sentiments, présentez progressivement votre ami(e) à vos enfants.

5. Cf. du même auteur, *Réussir son couple,* Éd. Jouvence, 2005.

Procédez par étapes pour apprivoiser vos enfants en douceur. Commencez par des rencontres en lieux neutres avec des activités communes : des balades, des sorties sportives ou culturelles, puis des après-midi de loisir, des pique-niques ou un restaurant. Dites longtemps « ami(e) » avant de dire « amoureux(se) » et, si vos enfants vous interrogent, n'esquivez pas la question mais restez évasif dans votre réponse : « C'est vrai, je l'aime bien et j'aimerai bien qu'on devienne un jour des amoureux, mais je ne le(la) connais pas encore assez. Alors, c'est trop tôt pour le savoir. »

En revanche, quand votre décision sera prise, ne laissez pas les enfants avoir leur mot à dire sur votre vie de femme ou votre vie d'homme, ne leur demandez donc pas leur avis et encore moins leur approbation. Rappelez-vous qu'il ne faut surtout pas alimenter le fantasme de toute-puissance enfantine ! Cette personne est maintenant votre conjoint(e) et ils vont devoir vivre avec. Dites à vos enfants qu'ils ne sont pas obligés de l'aimer mais qu'ils doivent le(la) respecter et y mettre du leur pour que la cohabitation soit courtoise à défaut d'être chaleureuse. On ne peut pas se forcer à aimer quelqu'un et il ne sert à rien de vouloir forcer les choses. L'affection naîtra spontanément ou pas... Plus les enfants sont jeunes et votre ex coopérant, plus les choses se mettront en place facilement.

Les rapports de votre nouveau conjoint avec votre ex

Prévenir son ex de sa mise en ménage est à l'évidence de l'ordre de la courtoisie la plus élémentaire. En prenant les devants pour transmettre l'information, on évite également de mettre ses enfants en porte-à-faux et de les charger d'un secret bien encombrant. Et puisque cette présence concerne la vie de vos enfants, elle concerne aussi l'autre parent.

Pour que votre ex puisse se placer dans l'état d'esprit dont je parle plus haut (cf. « Le conjoint de mon ex »), vous devez l'aider à s'adapter à ces nouvelles données. Rassurez-le sur le fait qu'il reste le père ou la mère de vos enfants, quoi qu'il arrive, surtout s'il est le parent non-gardien et dites-lui bien que votre nouveau partenaire n'a pas l'intention de se placer en compétition parentale avec lui. Recentrer systématiquement le débat sur le bien-être des enfants, avec une question-clé qui peut devenir votre fil conducteur : « À ton avis, en tenant compte des données actuelles, comment peut-on faire tous les deux ce qui est le mieux pour nos enfants ? »

De son côté, votre nouvel ami doit comprendre dès le départ que le lien parental est indissoluble et que, puisqu'il est obligatoire que vous gardiez un contact avec votre ex, autant faire que les relations soient basées sur la coopération et empreintes de courtoisie. Il aura besoin d'être rassuré sur le fait que vous avez complètement tourné la page sur votre ancien engagement conjugal et que les rapports que vous conservez ne sont plus que parentaux, même s'ils sont amicaux.

Il arrive souvent que l'ex, de son côté, n'ait pas encore réussi à faire tous les deuils nécessaires et se montre agressif et malveillant à l'égard du nouveau compagnon. Si c'est le cas et même si vous comprenez la souffrance de votre ex, ne l'autorisez pas à polluer votre nouvelle relation. Ne lui laissez pas l'espace de gâcher la vie de votre partenaire. C'est à vous de protéger votre nouveau conjoint des agressions et du harcèlement de votre ancien compagnon et vous devez le cadrer fermement pour qu'il (elle) change de comportement.

Enfin, le dernier piège serait de laisser, d'une façon ou d'une autre, s'établir des comparaisons entre l'ex et l'actuel(le). Les comparaisons, nous le savons tous, et dans tous les contextes, créent une compétition et génèrent de l'agressivité. Alors, refusez de répondre aux questions « chausse-trapes » et dites sobrement : « Quand j'ai rencontré mon ex, cette personne correspondait à la personne que j'étais, il y a dix (vingt) ans et elle ne correspond plus à celle que je suis aujourd'hui. Tu es la personne qui me convient maintenant et c'est toi que j'aime. »

Les rapports entre les beaux-parents et les enfants

Quand votre conjoint s'installe dans votre foyer, son rôle a besoin d'être défini pour éviter les confusions. Avant tout, votre conjoint(e) doit être présenté(e) comme une personne adulte qui partage votre vie d'adulte. Ce n'est ni un copain pour jouer, ni un rival à détrôner. Tout manque de respect à l'égard de votre nouveau partenaire est inacceptable. Les enfants doivent rester à leur place d'enfants. Ensuite, à partir du moment où votre conjoint va vivre aux côtés de vos enfants, il va devenir une figure parentale, mais son autorité ne sera légitime qu'avec votre délégation explicite. C'est pourquoi il faut que les choses soient dites très clairement. Quand les enfants s'écrient : « De toute façon, tu n'es pas mon père (ma mère) ! », cela veut dire que l'autorité de votre compagnon doit être confirmée par vous. Ce n'est pas pour autant une raison pour lui laisser imposer ses idées éducatives ou lui déléguer le sale boulot de cadrer et frustrer afin de vous garder le beau rôle du gentil qui console. Les enfants ont besoin de fermeté et de bienveillance. C'est, en définitive, le respect, l'estime et l'affection qui feront le lien le plus légitime.

Quelquefois, surtout par culpabilité, un parent va donner une exclusivité absolue à son enfant lorsqu'il vient pour le week-end. Le beau-parent n'existe plus, ses enfants encore moins et même les enfants nés de la nouvelle union passent à la trappe. L'enfant, traité en roi-soleil, a évidemment une attitude capricieuse et exécrable, qui le fait détester des autres membres de la famille. Ce genre de situation génère à terme un nouveau divorce.

Entre enfants de parents divorcés, vos enfants et ceux de votre nouveau conjoint vont probablement nouer une relation de complicité, de solidarité d'enfants ayant le même vécu, surtout s'ils sont du même âge. Cette relation sera plus facile à instaurer dans le cadre de la garde alternée, mais nettement moins évidente quand des enfants sont là vingt-cinq jours par mois et les autres un week-end sur deux. Les bagarres sont inévitables, comme entre frères et sœurs. Tant qu'il reste une alternance raisonnable entre les disputes et les jeux, tout va bien. Soyez simplement vigilant à ce que chacun ait son comptant d'attention, de présence parentale et ses moments d'exclusivité. Il est déjà très difficile de s'entendre entre frères et sœurs, alors acceptez aussi l'idée que l'amitié puisse ne pas naître entre les enfants de votre ami(e) et les vôtres. Dans ce cas, imposer le respect mutuel suffira.

La naissance d'un nouvel enfant

La venue d'un enfant du second lit est un moment très délicat car cette naissance pérennise la nouvelle relation et signe l'entente sexuelle du couple. Si l'ex-conjoint ou l'enfant cultivait en secret l'espoir que cette union ne durerait pas, il se retrouve confronté à une difficile réalité. C'est pourquoi les réactions peuvent être très vives à l'annonce de cette future naissance.

Ce bébé peut également provoquer chez ses parents un changement de priorités. L'envie de privilégier un présent positif peut générer un rejet des enfants du premier lit, symboles d'un passé négatif. Le beau-parent va aussi être tenté de désinvestir les enfants de son conjoint pour se recentrer sur son enfant. De plus, la nouvelle naissance va provoquer une jalousie normale chez vos enfants et aussi de grandes inquiétudes sur l'avenir de leur propre statut. Il vous faudra beaucoup les rassurer sur l'amour que vous leur portez. Soyez vigilant à ce que vos enfants ne se sentent pas abandonnés.

Conclusion

Le divorce peut être un virage très bénéfique dans une vie. Les choix que nous avons faits à 20 ans ne correspondent plus forcément à la personne de 30 ou 40 ans que nous sommes devenus. Dans beaucoup de cas, trahir l'autre, c'est cesser de se trahir soi-même. La fuite est même parfois un acte de survie. Et avoir tout perdu, c'est aussi avoir la possibilité de tout recommencer, enrichi de ce qu'on a appris de ses propres erreurs. Vous pourriez même remercier votre ex-conjoint de vous avoir passivement ou activement offert ce nouveau départ... Vous ne l'aviez pas vu comme ça ?

Les recompositions familiales vont se multiplier dans l'avenir, cela va encore complexifier les situations : en cas de nouveau divorce, comment gérer la séparation avec les enfants de l'autre quand on s'y est attaché et qu'on n'a aucun droit légal sur eux ? *Idem* pour les beaux-parents : on est quelquefois plus proche de sa belle-mère que de sa propre mère. Quand Papa quitte cette belle-mère, pourra-t-on la revoir ? Ces faux grands-parents étaient si tendres, cette demi-sœur si complice... Il faut être très attentif aux affects des enfants et les respecter, sinon ils auront de plus en plus peur de s'attacher aux gens.

Les positions rigides ne fonctionnent plus. Pour gérer ces situations nouvelles, il faudra apprendre à écouter, comprendre, discuter, débattre, parlementer, négocier, concéder.

Tout ce qu'il aurait peut-être fallu savoir faire pour ne pas divorcer...

Épilogue

Par cet après-midi neigeux, je corrige les épreuves de mon livre entre deux consultations. J'ai une demi-heure devant moi. J'ai déjà fait une relecture avec correction au stylo rouge. Pour cette deuxième relecture, j'utilise un stylo vert et je me rends compte qu'elle est presque inutile. Je retrouve bien une faute de frappe ici, je corrige bien un mot par là, mais rien de réellement important. Objectivement, ce que j'ai écrit reflète plutôt bien ce que je voulais dire. Cela me semble clair, concis, complet et pourtant… Le fond est juste, je l'ai souvent vérifié, expérimenté, mais… c'est la première fois que je doute tant de ce que j'ai écrit. Je retrouve les mêmes appréhensions, très particulières, que celles que j'ai avant d'animer une conférence sur le sujet du divorce.

Ce livre me pose finalement le même problème : il y a déjà tant de souffrance dans ces tranches de vie, comment être sûre de ne pas aggraver les atteintes narcissiques ? Comment dire ce qu'il faut, comme il faut, pour aider sans blesser, pour mettre un baume et non du sel sur les plaies vives ? Mes écrits me paraissent soudain moralisateurs, truffés de « Il faut », « vous devez », bien faciles à assener depuis la chaleur confortable de mon bureau. Je suis découragée.

Heureusement, c'est l'heure du prochain rendez-vous. Je regarde mon planning : consultation pour un couple. « En voilà deux qui réagissent à temps pour sauver leur relation ! » ai-je pensé. Dès la salle d'attente, je les observe, essayant de sentir le climat. Il semble très en colère, elle est inquiète et coupable. Ils s'installent dans mon bureau, c'est lui qui prend la parole. Il articule lentement pour maîtriser son émotion : « Voilà. Nous avons pris la décision de nous séparer et nous venons vous voir parce que nous voulons savoir comment faire pour l'annoncer à nos enfants et comment les protéger. Nous avons aussi besoin de comprendre ce qu'il nous est arrivé. » Je suis étonnée et touchée par leur démarche conjointe.

C'est la première fois que cette demande est formulée dans mon bureau. Tout le contenu de mon livre me revient en mémoire. Peu à peu, je leur explique les différents aspects, pour le couple, pour les enfants… Ils m'écoutent attentivement, posent des questions. L'homme me demande : « Et ma colère, j'ai l'impression que c'est juste de l'orgueil ? » J'ai plaisir à éclaircir pour lui la différence entre orgueil mal placé et atteinte narcissique. L'épouse reconnaît sa codépendance affective avec simplicité. Je sens que ce qu'ils comprennent les apaise, les rassure, leur donne des clés utiles et concrètes.

Quand j'explique la nécessité de protéger les enfants de la vie conjugale de leurs parents, l'homme devient songeur. « C'est bien que vous me disiez cela. J'avais besoin de l'entendre. Par colère, par vengeance, pour qu'ils comprennent aussi, j'avais envie qu'ils sachent, mais c'est vrai : ce qui m'a fait le plus de mal dans la séparation de mes propres parents, c'est d'avoir eu accès à leurs vies d'homme et de femme. » Je suis sidérée par l'intelligence, la finesse d'esprit, le respect, le dialogue qui circulent dans ce couple en souffrance.

À la fin de l'entretien, ils me remercient pour tout ce qu'ils ont appris. Je ne peux m'empêcher de leur dire mon admiration pour le courage et l'intelligence de leur démarche. Je referme la porte de mon bureau avec une sérénité nouvelle. Ils ont apaisé mes doutes : mon livre sera utile.

C'est à ce couple, avec admiration, tendresse et gratitude que je dédie ce livre…

Notes personnelles

Notes personnelles

Du même auteur dans la collection « Pratiques »

◆ Réussir son couple

Christel Petitcollin

Réf. 106

Se rencontrer, vivre en couple, cela semble aujourd'hui compliqué. Pourtant chacun cherche ardemment sa moitié. Entretenir la relation nécessite de la vigilance et du savoir-faire pour qu'amour rime avec passion, désir et bien-être de chacun.

◆ Les clés de l'harmonie familiale

Christel Petitcollin

Réf. 96

Lorsqu'un homme et une femme désirent vivre ensemble, se crée alors une famille, qui va au cours des années grandir, évoluer et traverser des crises… Voici donc quelques clés pour préserver la cohésion familiale.

◆ Bien communiquer avec son enfant

Christel Petitcollin

Réf. 74

Comment faire pour gérer au quotidien les multiples situations où la réalité vient mettre en échec les théories éducatives initiales ? Voici des conseils pour maintenir une bonne communication avec son enfant.

◆ Scénario de vie gagnant

Christel Petitcollin

Réf. 79

Chacun s'estime en fonction de l'éducation qu'il a reçue. Lorsque les expériences sont positives, tout va bien... Mais que faire pour se libérer d'un scénario perdant ? Ce livre y répond en permettant la restauration d'un potentiel de joie, d'amour et d'intelligence.

***Chaque volume*, 96 *pages*,**

4,90 € / 9 CHF

Achevé d'imprimer sur rotative par l'Imprimerie Darantiere à Dijon-Quetigny en mars 2009 - Dépôt légal : septembre 2005 - N° d'impression : 29-0325

Imprimé en France

IMPRIM'VERT. Votre imprimeur agit pour l'environnement !

Dans le cadre de sa politique de développement durable, l'imprimerie Darantiere a été référencée IMPRIM'VERT® par son organisme consulaire de tutelle. Cette marque garantit que l'imprimeur respecte un cycle complet de récupération et de traçabilité de l'ensemble de ses déchets.